異文化コミュニケーションの基礎知識

「私」を探す、世界と「関わる」

伊藤 明美 著

大学教育出版

は じ め に

　都市部を中心に日本でも多文化化が進んでいます。政府観光局（2018 年度統計）によれば、訪日する外国人の数は 10 年前のおよそ 4.5 倍（3 千万人を超えました）、企業も優秀な人材を求めて外国人の採用枠を設けるところが増えました。異なる民族、人種、文化背景を持つ人々との出会いや交流は、すでに日本人の日常になったといえるでしょう。しかし、だからといって学問としての異文化コミュニケーションの認知度があがったとはいえないようです。外国籍の人びとや異文化との接触という個人的実態はあっても、異文化コミュニケーションを高校や大学で学んだ人は少なく、その内容を知る人はまだまだ少数派です。

　異文化コミュニケーションの英訳は 'intercultural communication' です。'inter（インター）' とは「間（＝あいだ)」という意味です。学生の皆さんにもお馴染みの「インターハイ」は、インターハイスクール・チャンピオンシップ、「インカレ」はインターカレッジ・チャンピオンシップを略したもので、それぞれ高校間、大学間のスポーツ大会をさしています。'intercultural communication' も正しくは「文化間」のコミュニケーションですから、異なる文化背景を持つ人たちのかかわり方（＝コミュニケーション）について学ぶ学問といえるでしょう。

　一方、実態としての異文化コミュニケーションは、楽しいことばかりではありません。多文化社会として長い歴史を持つ多くの国々では、依然、異文化コミュニケーションをめぐる様々な問題に頭を悩ませているのが現状です。異文化・異民族に対する間違った情報、文化差をわい小化して考えることによる積極的な無視、コミュニケーションスタイルの違いによる誤解などはいたるところで見られますし、国の経済が傾いて庶民が仕事を失うような時は、たいてい異文化・異民族集団が妬みや攻撃の対象となります。

　筆者自身もアメリカ暮らしのなかで、何度も差別的な対応を受けたことがあります。日米貿易摩擦の激しかった頃は、学生街にあったマクドナルドで「クソ野郎、日本人！」と罵声を浴びせられたり、ホテルでの宿泊を拒否されたりしました。また、逆にカフェでコーヒーを飲んでいたら「かわいそうなアジア人、あなた、これでハンバーグでも食べなさい」と 1 ドル札を渡されて困惑したこともあります。建国以来、世界中から移民を受け入れ、むしろ多様性の持つ巨大なエネルギーによってこそ発展を遂げてきたアメリカですら、否、それゆえにこそ、こうしたことがおこるのでしょう。

　日本の多文化化はすでに始まっています。21 世紀は日常における一人ひとりの異文化コミュニケーション能力が問われる時代といえましょう。本書を通じた異文化コミュニケーションの学習が、異なる文化・民族への関心を高め、相互理解に向けた努力をうながし、また、支えてくれるものとなるよう願ってやみません。

2020 年 5 月

著　者

異文化コミュニケーションの基礎知識

―「私」を探す、世界と「関わる」―

目　次

心に刻もう！

異文化コミュニケーションのファーストステップ

　異文化コミュニケーションのファーストステップは、他者への関心と（自他）文化の理解です。すべてのコミュニケーション行為は文化的であることを認め、異文化だけでなく自文化に対する理解も深めましょう。異文化に対する本当の敬意は、自らの文化アイデンティティを（再）確認し、それを喜んで受容することによって生まれるからです。異文化コミュニケーションは、優越感につながることのない曇りなき自尊感情とコミュニケーションに対する責任を礎石とした受容と共感の対話です。

CROSSING CULTURAL BOUNDARIES LIKE JAZZ

第1章　多文化社会と異文化コミュニケーション学

学生の声　異文化コミュニケーションって英語とかの外国語を勉強するってことだよね？　最近は外国人観光客が多いけど、英語ができないと案内もできないし……。

1　アクティビティ・セッション

😐❓　国際交流と多文化共生は、それぞれどのような概念・活動を意味するでしょうか。検討してみましょう。

国際交流　＝　_____

多文化共生　＝　_____

ワークショップ

> 1959 年の発売以来、本家本元のアメリカでは実にさまざまな容姿のバービー人形が販売されてきました。青い目を持つヨーロッパ系はもとより、日本人のようなアジア系の顔立ちをしたバービーもいれば、アフリカ系もいます。肌の色もピンク、薄い黄色、濃い黒、褐色とバラエティに富んでいます。また、最近では少し太目のバービーや車椅子に乗ったバービーまで販売されるようになりました。この背景には何があるのでしょう。グループで話し合ってみましょう。

2　リーディング・セッション

　国際交流といわれる活動や事業の多くは、時に Fashion、Food、Festival の頭文字をとって 3F 交流といわれます。ファッションや料理、祭りなどを通した文化の紹介（あるいは exchange；知識・情報の交換）が主たる活動だからです。こうした交流は私たちに楽しい時間を提供してくれるものです。時にはそれまで気にもとめていなかった異なる文化の素晴らしさに気づかせてくれたりもするでしょう。しかし、3F 交流はその場限りのイベントになりがちで、参加者同士の関係を深めたり、異文化コミュニケーションをめぐる地域の課題解決を期待することはできません。

　一方、ごく簡単にいってしまえば、異文化コミュニケーション学は多文化共生のための学問です。長期的な関係を前提に、異なる文化を持つ人たちが互いの価値観を理解し、多様性を生かしながら共に暮らすためにはそれなりの覚悟と知識、そして実効性のある工夫が必要でしょう。「共生」という概念には、対立や妥協、矛盾などが含まれていることにも留意が必要です。異文化の他者とフェアに暮らしていくためには、不都合なことを「互い」に調整しあう義務と責任がともなうからです。

　日本は、勉強不足の政治家がいうような単一民族国家ではありません。しかし、歴史的に異民族・異人種・異文化集団にかかわる社会・政治的問題が表立って議論されることが少なく、また、20 世紀以降も難民や移民の受入れには消極的でした[1]。こうしたなか、現段階においては外国人が集住する一部地域を除き、地方に暮らす多くの日本人にとって

---

1)　日本に暮らす外国人の数は 2018 年 9 月現在、およそ 263 万人。人口比では 2%程度です。

の「多文化社会」は、極論すれば、外国人との楽しい交流や街でみかける外国人観光客を想像させる程度にとどまっています。

　一方で、国境を越えた激しい人びとの流れ、そして日本が直面する少子高齢化による労働力不足は、多文化社会という観点から日本の未来を大きく変えようとしていることも事実です[2]。2006 年には日本政府も「国籍や民族などの異なる人びとが、互いの文化的違いを認め合い、対等な関係を築こうとしながら、地域社会の構成員としてともに生きていくような、多文化共生の地域づくりを推し進める必要性が増している」（総務省、「地域における多文化共生推進プラン」）と述べ、多様性（diversity）への対応という点において、この新しい時代が、日本人にとって重要なターニングポイントになっていることを示しました。

　近い将来、私たちは様々な人種や民族、国籍、母語を持った人びとを「隣人」として受け入れ、かれらとともに暮らしていくことになるでしょう。外国の人びとはもはや「お客様」ではなくなるのです。異文化コミュニケーション学を学ぶ理由は、まさにここにあるといえます。

（1）　多文化社会とはどのような現象か

　現象としての多文化社会を説明するにあたり、まずは筆者が暮らしたことのあるアメリカ西部のサンフランシスコを紹介するところから始めましょう。

　2017 年 7 月の推計（アメリカ合衆国連邦国勢調査）では、現在の民族・人種構成は、白人が 37.7％、中国系を筆頭にしたアジアからの移民とその子孫が 14.8％、メキシコなどからの移民でラティーノ[3]と呼ばれる人びとが 39.9％です。外国生まれの人びと（移民1 世）もおよそ 3 人に 1 人とされます。また、この都市には世界各国からやってくる留学生も住んでいますし、非合法に入国するメキシコからの労働者も相当数存在します。

　こうした民族・人種構成を反映し、ダウンタウンのすぐ横には全米最大規模の中国人街、その北隣にイタリア人街、少し西側に日本人街、そのまた西隣にはロシア人街と続き、サンフランシスコ国際空港近くまで南に行けば、メキシコやフィリピンからの移民が多く住んでいます。

　同じことばを話し、似通った価値観を持つ人びと、特に 1 世が特定の地域に集住するのは、精神的な安定も含めた生活の利便性を考えてのことですが、3 世・4 世をはじめとす

---

[2]　たとえば入管法が改正され、2019 年 4 月以降は外国人労働者の数が大幅に増えることになりました。

[3]　米国政府によればラティーノとはキューバ、メキシコ、プエルトルコなど、中南米諸国を出自とするラテン系の人びとです。かれらは時にヒスパニックと呼ばれることもあります。

るアメリカ生まれアメリカ育ちの人たちも、サンフランシスコ全域に散らばっています。たとえば、2010年に筆者が研究休暇をとった年に間借りしていた下宿の大家は、難民として1980年代初頭に渡米し、今はフランス人が経営するホテルでパティシエをしている中国系のベトナム人女性でした。右隣の家にはドイツ系4世の白人男性が一人で暮らし、左隣にはロシアから移民してきた80代の男性、また、道路をはさんで向かい側の家は18世紀にアフリカから連れてこられた先祖を持つというアフリカ系アメリカ人の家庭でした。

　しかも、こうした風景は銀行、レストラン、カフェ、ショッピングセンターなど、この街の日常なのです。ですからここでは、市営バスのアナウスも市民のために（観光客向けではなく）、英語、中国語（広東語）、スペイン語の順で流れます。

　民族や人種だけではありません。サンフランシスコは性的指向や収入という観点からも多様性に富んだ街です。ここにはゲイを自称する人びとが集住するカストロという地区がありますし、LGBTQの人権回復のための活動や運動も盛んです。サンフランシスコは、LGBTQへの深い理解なくして政治家にはなれない都市だといわれる所以です。また、ダウンタウンの一部地域には家も収入もない人びとが多数暮らす一方、いたるところに20億〜30億円ともくされる邸宅が軒を連ねるコミュニティもあります。サンフランシスコは全米でも屈指の富裕層が本宅や別荘を持ちたがる都市なのです。観光地としても有名な「サンフランシスコらしさ」は、こうした高い多様性が育んできたともいえるでしょう。

　さて、このようなところで生じる異文化間のコミュニケーション摩擦はどのようなことだと思いますか。

　これだけ多様性に富んだ街なのだから、コミュニケーション問題の核心は英語力と考える人も多いのではないでしょうか。しかし、英語を母語としない人たちの「間違った英語」も大半の生活場面では通じますから、大きな問題にはなりません。

　住民同士の誤解や口論の種は、むしろ、個人が普段意識しない考え方や価値観の違いです。たとえば、ドライバーによって満員と見做された（つまり、ドライバーがよりしっかりと後部の状態を確認すれば、5〜10人程度は乗車できる状態）バスに乗り込もうと、入口ドアのステップに足を置いて運転手をにらみつける中国系の男性、そのことに腹をたて10分もの間、男性をののしり続けて運転再開を拒否するアフリカ系アメリカ人のバスドライバー。男女共用のサウナ室に汗だくのジャージとシューズで入り込んだ若い白人アメリカ人男性に、不愉快だから出て行って欲しいと大声で要求する韓国人女性。ルール違反と知りながらスポーツクラブのシャワー室を占拠して染毛する中国人利用者。多文化社会で生活する上で発生するこうした種々の問題は、「清潔感」「倫理観」「プライバシー」などに対する考え方、あるいは「個」の在り方などに関わる文化的価値に根ざしたもので

あって、語学能力の問題とはいえません。

　ちなみに、サンフランシスコ在住の日本人（留学生や、新1世[4]ならびにその子どもたち）は、こうした事態にどう対処しているでしょう。

　皆さんならどうですか。あなたがバスに乗り込もうとした中国人男性なら？　それを拒否したバスドライバーなら？　汗だくのジャージと靴でサウナ室に入ってきた男に出くわしたら？

　筆者の知る限り、上記のような場面であからさまな不満を表出する日本人はおよそ皆無です。多くの人は、我慢するか、見ない振りをするか、できるだけ早くその場を立ち去るという選択をしています。日本人は他の国の人びとと比べて、相対的に感情表出を抑える傾向があり、自らの主張を人前で展開するようなことはしません。

　その善し悪しは別として、こうした行為の背景には日本人の文化的価値観があり、また、それがサンフランシスコで暮らす日本人の民族的誇りともなっているようでした。

（2）　求められる文化的期待

　民族・人種的に多様な人びとが暮らす社会においては、否応なしに自文化を意識させられます。多文化社会では異なる美意識や価値観と日常的に接触しますが、多くの場合、人びとは違いの理由を相手の文化（民族・出身国など）に求めるからです。意外に思われるかもしれませんが、それは現地で生まれ育つ2世、3世に対しても行われます。たとえば、ヨーロッパに暮らす日系2世のアイデンティティを研究する内山（2017）は、ドイツで育った日独ダブルの少年（13歳）による「ドイツの学校では完全に僕は日本人」という語りを紹介し、ドイツの学校では、トルコ人であれ、スペイン人であれ、両親のいずれかがドイツ以外にルーツを持つダブルの子どもたちが、常々ドイツ人以外の民族ラベルを貼られている様子を明らかにしました。

　こうした文化圧力を感じながら育つからでしょうか。筆者がサンフランシスコで知り合ったアメリカ生まれ・アメリカ育ちの日系2世の高校生たちは、「結婚するなら日本人がよい」と話します。いわく、アメリカ人は「笑いのつぼが違う」「ちょっとうるさい」「話があわない」そうです。むろん、そういうかれらのライフスタイルやコミュニケーションのスタイルは、いわゆる日本で育った日本人とは違いますし、そのことをかれらもまた自覚しています。「結婚するなら日本人がよい」という語りには、マイノリティとしての生きる日系2世の気概と、無意識にもそれを支える文化的誇りを感じさせます。

---

4)　新1世とは、1950代以後に留学や仕事などのためにアメリカに渡り、後に市民権を得たり、帰化したりした移民のことで、第二次世界大戦前の日系移民やその子孫とは区別して考えられています。

留学生に対する民族的ラベル付けも日常茶飯事です。

> みんなに『色が日本っぽい！』っていわれる。どこが？ みたいな（笑）。先生にも『たぶんこれはあなたの日本文化だね』とか。線使いがうまいとか、それはやっぱり日本人だねって言われる。……海外にいって海外のことをすごい吸収したいと思ってたけど、実際ここに来てみると日本に目を向けてる。（荒木、2009、p.47）

　これはアメリカの美術大学に通っていたある日本人学生の語りです。この学生が述べるように、多文化社会では自分のなかにある「日本らしさ」を指摘され、戸惑うことがよくあります。日本にいれば、自文化は当たり前すぎてそれを客観的に分析する機会などおよそ皆無ですし、その必要も感じないからです。

　一方、相手から期待されるイメージは、メディアの影響を受けた偏りのあるものも多く違和感を覚えることもありますから、日本文化をきちんと相手に伝えたいという気持ちが高まります。また、自文化に関わる相手の間違った評価を容認すれば、それはいずれ自分の評価へと跳ね返ってきますし、自分の振舞いや行為がどのような価値観に支えられているのかを知らずして、説得や交渉、調整などもできません。

　サンフランシスコには、渡米後20年、30年、40年と、長い間、現地で暮らしている日本人が大勢いるのですが、かれらのなかには茶道や華道、柔道、日本舞踊などに並々ならぬ関心を寄せる人が珍しくありません。しかし、30年前に渡米した筆者の友人が話してくれたように「最初は日本文化にまったく興味がなかった」人も多いのです。異国での暮らしは、当たり前だった自文化への気づき（awareness）を高め、その（再）評価をうながします。そして、独自と信じて疑わなかった自らのアイデンティティが、実は文化と深く関連していたことを理解するのです。

　一方、地球規模で活躍する優れた異文化コミュニケーターは、ある時点で自分が民族や人種、文化を越えた次元に生きていることを自覚（あるいは覚悟）するものです。かれらの多くは複数の文化を内化するとともに、それらが統合された独自な価値観を持つにいたるからです。ただし、ここで忘れてならないのは、「文化を超えた自分」を可能にしているのもまた、自らがよって立つ文化の存在（一つとは限りません）であることにも、かれらは気づいているということでしょう。

　中学卒業直後、自らの意思でドイツに行き、そこで高校と大学を終え、2013年現在で渡独25年目を迎えたというジュエリー・デザイナー 武市知子さんは、以下のように話します。

> 今では私は自分のことをコスモポリタンだと思っている。コスモポリタンとは何かと考えた時、

徹底的に日本人であることだと分かったんです。（山田、2013、p.26）

　武市さんが述べるコスモポリタンとは、国籍や文化にこだわらず世界で自由に生きる国際人をさしますが、多種多様な価値がひしめく世界で人が「自由」に生きるには、異なる相手と対等に本気で関わる気持ちと態度（すなわち、involvement）が必要で、それを可能とするバックボーンのひとつに日本人としての文化的自己があるというのです。前述したように、それがむしろ、異なる文化的他者を受け入れるための条件にもなるからでしょう。

　加速化する一方のグローバル化は、通信や工業技術などの分野に「世界標準」をもたらしました。信号機の赤や黄色や青は、どこの国に行っても同じですし、スマートフォンの形や使い方なども国や文化で大きく異なることはありません。しかし、だからといって、人びとの考え方や態度まで画一化してしまったわけではないのです。コスモポリタンを自認する武市さんのような人の心にも、文化はその存在と独自性を主張をしつづけています。

ちょっと一言

　グローバル社会の理想的な考え方として人種、民族、宗教、性別、性的指向、言語の多様性を目指す「多文化主義」についても一言ふれておきます。現在では日本を含め多くの国々でその大切さが強調されますが、多様性を認めながら秩序ある社会を創るのは、きわめて困難な仕事だからです。

　残念なことに、すべての文化集団が偏見や差別を受けず平等に生きていける国や社会は存在しません。世の中は社会的パワーの大きな集団とそうでない集団で構成されているものです。一般により大きな力を持つ集団は主流派集団と呼ばれ、その構成員は既得権益を簡単に手放すようなことはしません。また、何かのきっかけで他の集団が力をつけ始めると、主流派集団のメンバーは無意識にも脅威を感じて差別的な態度をとりがちです。特に国の経済が低迷し、人びとの暮らし向きが悪化するような時は、就労機会の減少やリストラの原因を少数派集団に求めて、かれらに対する排外意識を高めます。

　多文化主義を国の政策に取り入れてきたカナダやオーストラリアなどでも、依然、そうした政策に対する根強い批判が存在しますし、少数派集団の構成員の中にも主流文化に同化することこそが、集団の社会的地位の上昇とパワーの拡大につながると考える人もいるのです。多文化主義は民族・文化の独自性を許容し、同時に文化を超えた個々人の力が十分に発揮される社会を目指すための考えですが、主流派以外の人びとは、およそ「○○人（系）」「△△人種」「○○民族（系）」などの枠組みで判断・評価されるという深刻なジレンマを抱えていることにも留意が必要です。

（3）　異文化コミュニケーション学はなぜ生まれたか

　人間は、異文化との接触を繰り返しながら人類の歴史を創ってきました。異文化との接触がなければ、私たちが今、享受している高度な文明も発達しなかったことでしょう。中国や朝鮮半島の人びととの相互作用によって、日本に稲作、漢字、仏教などが伝わったように、人類の歴史は異なる文化・民族集団間のダイナミックで絶え間ないコミュニケーションの結果なのです。

　異なる文化背景を持つ人びとはどのように行動するのか。また、かれらとうまくいかない時があるとすればそれはなぜか、どのようなスキルや条件が必要なのか、といったことを理論と実践（異文化トレーニング：ICT）を通して学ぶのが、異文化コミュニケーション学です。人びとの相互作用を文化的な視点から理解することで、現在では避けることのできない異文化・異民族間の接触を、公正かつ有意義で共感的なものとすることが目指されているといえましょう。

　異文化コミュニケーションがひとつの学問領域としてその形を整え始めるのは、人びとが自由に世界を行き来することが可能となった20世紀中頃のこととされています。具体的には1940年代〜1950年代のことで、それはアメリカ合衆国で始まりました。第2次世界大戦後に、アメリカがその強大な政治、経済、軍事力を背景に戦争被害国の経済復興に関わったことが直接のきっかけです。学問的萌芽をみたこの時期にはすでに、アメリカ国務省の外国勤務研究所で外交官や外国勤務予定者に向けた異文化訓練も実施されています。異文化コミュニケーション研究は、ごく初期の段階から、きわめて実学的な要素を含む研究であったことがわかります。

　その後1960年代から70年代にかけてアメリカでは、開発途上国に派遣された「平和部隊」[5]参加者の派遣先での適応問題が表面化します。隊員が抱えた悩みは、言語ではなくむしろ文化に関わるコミュニケーション問題であり、それまで語学教育を中心に構成されていた海外派遣のための研修に再考がうながされたといわれています。アメリカは自らが派遣した若者たちの現地でのコミュニケーション挫折を通して、異文化コミュニケーションを学問することの重要性に気づいたといえるでしょう。

　さらに当時のアメリカでは、公民権運動や第2波の女性解放運動も勢いを増していました。両運動ともに主体となったのは、それまでの差別的慣習や政治参加への制限などから、社会的な力を持つことが著しく困難であった集団です。簡単にいってしまえば、それ

---

5)　平和部隊は1961年にジョン・F・ケネディによって設立され、隊員は通常3か月の訓練の後2年間、ボランティアで開発途上国の支援活動を行います。日本の海外青年協力隊は、この流れをくむもので1965年に発足しました。

らは少数派集団からの権利回復のための異議申し立てでしたが、これらの運動が示唆した
もうひとつの重要ポイントは、主流文化集団とそうでない集団の間には、対応すべき重大
なコミュニケーション課題がありそうだ、ということだったのです。

　社会的主流派と少数派の構成員が相互に理解しあうためには、両集団が経験した歴史
的事実とその背景を見直すこと、そして権力の偏りがうながしたそれぞれに独自の価値
観やコミュニケーションスタイルなどを明らかにする必要が認識されたといえるでしょ
う。

　ひとつの国家には多くの文化的集団が存在しているというのが、異文化コミュニケー
ション学の考え方です。人口比としては小規模ですが、日本にも、アイヌ民族、琉球民族、
在日コリアンの人びと、日系ブラジル人などが暮らしていますし、世代、階級、職業、ジェ
ンダーなども文化という視点からコミュニケーションを考えることが可能です。言語や国
籍あるいは生まれ育った環境が同じというだけで安心していると、コミュニケーションを
通じてどちらかに重い負担がかかったり、相手に嫌悪感を膨らませたりして関係が破たん
することもあるのです。

　21世紀を生きる私たちには、価値観や思考、表現形式などが異なる他者と向き合い、
威張らず、おもねらず、相互に利益的な暮らしを実現させる義務と責任があります。異文
化コミュニケーション学は、異なる文化背景を持つ人同士の平和的関係構築とその維持に
貢献しようとしています。

（4）　異文化コミュニケーション研究の内容と方向性

　異文化コミュニケーションはどのように研究されているのでしょうか。

　小谷（2008）によれば、これまでの異文化コミュニケーション研究には3種類のアプ
ローチがあります。最も広範に用いられるのは、主として社会心理学的モデルにもとづく
もので、特定の理論を用いて研究テーマに関連する現象を説明し、アンケートやインタ
ビュー、実験などを通してその妥当性を検証します。たとえば、ステラ・ティントゥミー
が提唱した面子理論を使って日中の人びとの異なる行動を説明しつつ、日中合弁会社のよ
うな企業で働く社員を対象に、アンケートやインタビューをおこなうといったことです。

　2つめは社会言語学的アプローチです。話し手の背景文化は、コミュニケーションスタ
イルやイントネーション、リズムなどに影響しており、それが誤解の原因となっていると
した考え方を前提におきます。たとえば、デボラ・タネンという言語学者は、アメリカ人
男女の会話を分析し、ジェンダーによる会話スタイルの違いを明らかにしました。これは
男女という異なる2つの集団の話し方を文化的視点からとらえた社会言語学的アプロー

チです。また、日本人の英語学習者が語彙や文法の知識など、語学的知識以外の理由でコミュニケーションにつまずく場合を分析するような場合も、社会言語学的アプローチは役に立ちます。誤解はどのような文脈でいかに起こるのか、そこにはいかなる文化的要因があるのかなどを検討するのです。

　そして３つめが民族誌学的アプローチです。これは一般にフィールドワークと呼ばれる手法をとります。フィールドワークとは文化人類学で使用される用語で、伝統的には対象とする集団のなかで一定以上の時間を過ごし、そこで共有される価値観や習慣、固有の話し方などについて解釈をおこなうことをさしています。たとえば、在日コリアンの高齢者施設や日系ブラジル人の文化活動拠点となっている会館などに出向き、数か月間あるいはそれ以上の年月をかけて対象集団と向き合い、自らがその集団の一部となって内部から観察したり、インタビューをしたりするのです。

　また、西田（2000）によれば、異文化コミュニケーション研究には３つの方向性があります。すなわち①記述・観察（文化背景の異なる人びとがコミュニケートする時、人びとはどのように行動するのか）、②説明・理論（なぜ、そのように行動するのか、そのメカニズムとは何か）、そして③実践・応用（どうすれば誤解やコミュニケーション摩擦を避けることができるのか）です。発表される多くの異文化コミュニケーションの論文は、①と②の方向性を持つものです。より具体的には①をベースに②を組み入れた形といえるでしょう。

　また、異文化コミュニケーション研究は、過去に起こった実際のコミュニケーション不全がその起点にあったことは前述の通りで、人びとのコミュニケーション実践力や応用力を高めるという③の方向性が研究の一部となっているのは自然です。多文化社会の恩恵が、私たち一人ひとりの人生にもたらされていくようなコミュニケーション実践を目指して、トレーニングの開発・実践・評価、異文化コミュニケーション教育などが研究されています。

　ところで異文化コミュニケーショントレーニング（以下、ICT）の最大の特徴は、「学び方を学ぶ（learn how to learn）」こととされています。異文化間のコミュニケーションは、様々な要素が複雑に作用しあって成立する人間同士の相互作用ですから、ある個人が別の個人と同じ経験をすることはありません。起こりうるのは部分的に似通った経験だけです。知識のまる暗記や誰かさんの経験に頼るのは危険なのです。

　文化的相違は「私」にどんな感情をうながしたか、また、そのように感じる自分は異なる相手の行為にどのように対処すれば問題解決ができるか、といったようなことを学ばなくてはなりません。つまり、目の前に立ちはだかる違いそのものに執着するのではなく、

困難を乗り越えるためのフレームワークを学び、柔軟に対応する姿勢を持つことが大事だということなのです。

　ICT でよく利用されるのは、仮想学習と疑似体験型のトレーニングです。これらトレーニングでは、実際の経験（あるいはそれらに近い事例）を通して異文化摩擦の実態やその解決方法を話し合ったり、ロールプレイやシュミレーションゲーム [6] などを通して、自文化内で育まれた認知や思考のパターンが無力化することを体験したりします。特に疑似体験型のトレーニングでは、異文化と対峙した時の激しい感情（怒りや驚き、焦燥感など）を経験することもありますから、経験豊富なファシリテーターが必要とされています。トレーニングによっては、異文化生活を始める前におこなうことで「予防接種的」効果が期待されるものもあります。

　また、ICT は渡航前に行われることが多いものの、実際には帰国後のトレーニングも大事です。渡航前のトレーニングはこれから向かう異文化への「気づき（アウエアネス）」を刺激します。しかし、それはむしろ思弁的なものでしかありません。帰国後におこなうトレーニングを通して、私たちは経験を相対化（＝自分の経験を文化的他者の経験と比較しながら、客観的に考えること）することができますから、受講者の自他文化に対する感受性と理解はさらに深まり、異文化コミュニケーターとしてのスキル向上につながるのです。

　ただし、トレーニングの効果を高めて実生活に役立てるためには、事前・事後に構築される知的なフレームワークが「どうしても」必要です。異文化コミュニケーションにかかわる知識は、経験を補い、必要な時にコミュニケーターが参照できる重要な材料となりますし、対象となる文化への激しい否定感情を緩和する可能性もあるからです。

　現在の ICT は、かつての知識重視型 [7] から自己に対する気づき・体験重視型へ移行していますが、実は、知識と体験をスパイラルに（繰り返して）おこなうのが効果的です。大学生の多くが参加する短期語学研修や海外視察旅行という「体験型」訓練であっても、「行けばなんとかなる」というものではありません。渡航前、滞在中、帰国後に与えられる充分な知的刺激は、自他文化理解の深化とコミュニケーションスキルの発達にきわめて重要なのです。

　さて、こうした異文化コミュニケーション研究が日本で始まったのは、1980 年代のことです。日本人の異文化接触が身近なものとなり、外国人とのコミュニケーション問題

---

6)　シュミレーションゲームは、参加者が異なるルールにもとづく仮想文化を体現しあうことで、異文化摩擦を経験するトレーニングです。

7)　知識伝授型とされるトレーニングの類型は「大学モデル」と呼ばれています。

が数多く指摘されるようになったのは、企業の海外進出や海外留学が増加する 1970 年代中盤以降のことで、そうしたなか、アメリカでコミュニケーション学を学んできた人たちを中心に「異文化コミュニケーション学会」が設立されることになったのです。1985 年のことでした。この組織は、SIETAR（The Society for Intercultural Education, Training, and Research）の日本支部として発足し、当初「研究会」からのスタートでしたが、会員数が 400 名を超えた 15 年後には学会としての活動を展開するにいたりました。

　研究会発足当時は大学関係者であっても、異文化コミュニケーション学と英語教育を同義に理解する向きが多かったものの、現在では私立大学を中心に「異文化コミュニケーション（論）」の講義や演習を開設するところも多くなっています。系統立てた教育環境の提供という点においても、2000 年には筆者が勤務する大学の社会科系の学科のなかに「異文化コミュニケーション系列」[8] を組み込んでいます。また、2002 年になると立教大学が大学院に異文化コミュニケーション研究科、6 年後の 2008 年には異文化コミュニケーション学部を設置しました。

　異文化コミュニケーション学を専門とする研究者には、コミュニケーション学をはじめ、社会学、応用言語学、社会心理学、文化心理学、英語教育学、文化人類学などをホームベースとする人も数多くいます。換言すれば、異文化間の対人コミュニケーションは様々な切り口から研究することが可能といえましょう。

　しかし、こうした事情から、異文化コミュニケーション研究においては、多様な学問分野の理論や分析アプローチが利用されているというのが現状で、そこには分析のための確固たるフレームワークが欠落していると批判されることもあります。しかし、生きるための物理的欲求だけでなく、希望、なぐさめ、愛など精神的な側面からも人間存在とは不可分なコミュニケーション行為を、地球規模で文化視点から理解し、実践につなげようとする異文化コミュニケーションの研究は、様々な領域を横断する学際的[9] なものにならざるをえないというのが筆者の考えです。

　この学問は、多文化社会における個々人の暮らしを豊かなものにしようという目的のもと、自由でこだわりのない研究フォーラム（広場）を提供しているのではないでしょうか。多様な領域で研鑽を積んだ専門家がそれぞれの手法を使ってコミュニケーション研究を行い、その成果をもち寄る広場です。狭い学問領域に閉じこもっていては考えもおよばなかった魅力に富んだ知的刺激が、ここにはあふれています。複雑きわまりない人間のコミュニケーション行為への深い理解や実践、その教育に向けての意欲は、こうした研究の

---

8)　この系列は、学部改組により 2018 年度から「現代社会」専修のなかに発展的に統合されました。

9)　研究が複数の学問領域にまたがることを意味します。

場からこそ生じています。

引用文献

荒木槙也（2009）「多文化主義と留学生のアイデンティティ形成：ロードアイランド美術大学における韓国人留学生の事例研究」『美術教育学』美術科教育学会、*30*、39-51。

小谷真理子（2008）「文化とコミュニケーション研究における理論的枠組みの概観 — 異文化コミュニケーション教育への応用の可能性」『スピーチ・コミュニケーション教育』日本コミュニケーション学会、*21*、43-54。

西田ひろ子（2000）『人間の行動原理に基づいた異文化間コミュニケーション』創元社。

内山絵理華（2017）「日系 2 世のアイデンティティ形成における言語の影響と役割 — 継承語教育の観点から子どもの心を解く」『コンタクト・ゾーン』京都大学大学院 人間・環境学研究科 文化人類学分野、*9*、98-141。

山田友樹（2013）「宝飾細工師マイスター　武市知子」『AGORA』5 月号、日本航空。

第2章　文化について考える

学生の声　茶道、華道、柔道、忍者は日本文化だと思いますが、私が大好きなカレーやラーメンって
インドや中国の文化っていえるんですか？

1　アクティビティ・セッション

ワークショップ　#1

　文化は氷山のようなものです。海上にある文化要素（「見える」文化）と水に隠れた文化要素（「見えない」文化）について検討し、それらを氷山の絵のなかに位置づけてみましょう。

　文化要素として考えられるもの：音楽、儀式、教育制度、空間への意味付け、経済システム、建築、ことば、コミュニケーションスタイル、幸せ（不幸）、時間の理解、集団が持つ古傷、死生観、清潔感、政治、倫理観、食べ物、人間関係に関わる信念、美醜、ファッション、歴史など

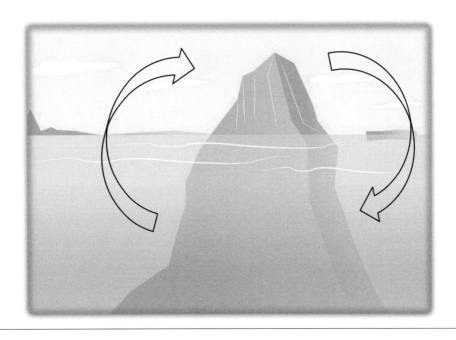

どのような文化集団に所属する人びとであっても、いくつかの普遍的な行動のフレームワークに沿って生活しています。以下に示した2つ以外にどのようなものがあるか考えてみましょう。

① 資源を生産し、流通させ、消費するシステム

② 婚姻および家族システム

③ _____

④ _____

⑤ _____

ワークショップ　#2

ことばと文化は「表裏一体」といわれます。以下の具体例（会話と日英の表現の差）を通して、「表裏一体」の意味を考えてみましょう。

例1)
A：今日は金曜日。お魚の日だよ。
B：タラ嫌いなんだよね…。

例2)
「腰が痛い」 = "I have a backache." ？？

2　リーディング・セッション

　文化の定義は学問領域や研究者の視点などによって、理解や分類の仕方が異なりますので注意が必要です。たとえば『文明の衝突』という興味深い著書を記したハンチントンという学者は、世界には大きく9つの文明と文化があるとしました。一方、一般社会でよく利用される文化の枠組みとしては、「国」が前提となっている場合が多く見受けられます。2019年現在、国連加盟国は193か国ですから、オブザーバーとして参加するいくつかの地域を含めて考えれば、世界にはおよそ200程度の文化があるということも可能です。こうした立場からは、たとえば「面子」という概念が日中の人びとにどう内化され、どのような異なる行為をうながしているか、あるいは「個人主義志向」の違いが日米の人びとの交渉スタイルにどう影響しているかなどの研究がおこなわれることになります。

　国境は人間の手による政治的な土地の区分ですから、文化の枠組みとして利用する時は十分な注意が必要です。しかし、各国にはそれぞれ固有の法や社会制度、伝統芸能や建築様式などがありますし、また、国の歴史が長ければ長いほど、そこで暮らす国民のなかには集団固有の心の選好（価値観）や慣習が生成されます。他国との接触によって自国に対する誇りともいえる感情が醸成されていくのも自然なことでしょう。

　その一方、グローバル化は情報通信技術を筆頭に多くの分野で「国際基準」をもたらし、これまで「固有」とされてきた各国の文化を激しく揺り動かしています。カレー（インド）、ギョーザ（中国）、ハンバーガー（アメリカ）、ピザ（イタリア）などは、日本ではすでに日常食となりました。また、キリスト教徒は人口比で1%にも満たないのに、多くの人は教会で結婚式をあげ、クリスマスを祝います。日本人のこうした行為に宗教的な意味合いはありませんが、そのことに違和感を覚える人もほとんどいません。

　本章では、異文化コミュニケーション学で頻繁にとりあげられる文化の定義やその特徴などについて考えていきます。

（1）　タイラーとフェラーロによる文化の定義

　文化人類学の父とされるエドワード・タイラーは、文化という概念を「社会の成員である人間が獲得した知識、信念、芸術、道徳、法、社会的慣習（custom）、その他の能力や習性（habit）を含む複雑な総合体」[1]と記しています。この定義は、異文化間の対人コミュニケーションを考える時の、いわば屋台骨となるようなものなので、異文化コミュニ

---

1)　原文は "CULTURE or Civilization, taken in its wide ethnographic sense, is that complex whole which includes

ケーション研究者の多くが参考にしています。

　タイラーの定義にある「社会」とは、そもそも一人では成り立たない空間ですから、文化は基本、集団が創り上げるものであるということを忘れないで下さい。また、それは長い時間をかけた人びとの経験です。いかなる文化も世代を超えて（長い年月を経て）引き継がれた現象であって、一時的なものではありません。ですから、たとえば 2 年前に始まった町興（まちおこ）しのためのイベントなどは、原則、文化と呼ぶことができません。祭りのような地域のイベントを文化と呼ぶには、徳島の阿波踊りや青森のねぶたのように、人びとが世代を超えて継承してきた「実績」が必要なのです。

　ただし、異文化コミュニケーション研究では、その切り口としてテレビドラマや映画、マンガやアニメなど、一時的なブームとみえる大衆文化（ポップカルチャー）が取り上げられることもあります。たとえば、ある国で制作されたアニメ作品が別の国の人びとに熱烈に受け入れられる場合（あるいは拒否される場合）、その内容を両国における文化的態度や価値観の違い、あるいは共通点などを手がかりにコミュニケーション分析をすることが可能だからです。

　筆者はかつて、「リング」という恐怖映画のオリジナル版（日本語）とリメイク版（英語）を文化的な観点から比較する研究に取り組んだ学生を担当したことがあります。彼女の論文には興味深いさまざまな発見が示されましたが、そのひとつに恐怖シーンにおける照明の使い方や言語量の違いがありました。

　日本語版では、恐怖は主に聴覚と想像力に訴えられ（画面は暗く、音だけ流れる）、英語版ではむしろ視覚体験（薄暗くしているものの、視聴者はその状況をはっきりと認知できる）が重視されているようでした。さらに、日本語版では恐怖感情が最も高まる場面において、登場人物の言語量が少なくなることもわかっています。日米では恐怖感情が異なる条件によって引き起こされる可能性、また、日本人が恐怖感情を表出する時はむしろ非言語行為が利用される可能性が示唆されたのです。

　このように一時的現象とみえるポップカルチャーを切り口にした研究も、現実社会におけるコミュニケーション上の誤解の種や思いがけない共通点を明らかにして、異文化間の相互理解に何らかのヒントを提供してくれることがあります。

　文化の見方をもうひとつ紹介しましょう。

　札幌でも研究生活をしたことがあるアメリカ人の文化人類学者フェラーロ（1992）は、3 つの動詞を用いてわかりやすく文化を定義づけました。いわく「文化とは、人びとが社

---

knowledge, belief, morals, law, custom, and any other capabilities and habits acquired by, man as a member of society." (Tylor, B. Edward (1871). *Primitive Culture* 2 vols., London: John Murray & Co.)

会の構成員として‘持ち’、‘考え’、そして‘行う’すべてのこと」です。

　神社・仏閣等の伝統的日本建築や和食器など、形のある物は人が「持つ」ことのできる文化要素、また、畳の上で正座をする、お箸を使って食べる、婉曲な表現をするなどは「行う」ことで表現される文化要素です。そして、そうした持ち物や行為を陰から支えているのが「考え」でしょう。わび・さびに対する美意識や、「他人に迷惑をかけてはいけない」などの人間関係に関わる国民的信念は、日本人の持ち物や行為の裏側に、確かに存在しています。

　一方、文化はその本質を残しながらも、大きな時間の流れのなかでは変化をまぬがれない動的な概念でもあります。昨今では、異文化コミュニケーション研究者の間でも、文化は人びとの生活のなかで日々構築される現象であるといった動きのある視点が出てきました。文化は「理解する」対象というより、むしろ「創造する」対象、あるいは「プロセス」そのものと考えられるようになったのです。

　一般に文化変容のきっかけを与えるのは異文化です。異なる文化との接触を繰り返すなかで、人びとは自分たちにとって有用と判断したものを選択し、積極的に自文化内部に取り込みます。日本でも畳が木質系材料からなる床板へと変化し、ちゃぶ台もダイニングテーブルになりました。今ではおよそすべての家庭が洋式トイレを使っています。

　ただし、異文化はいつも原形のまま取り込まれるのではありません。床を板敷きに変えても、日本では屋内で靴を脱ぐ習慣を維持しましたし、ラーメンやスープカレーにいたっては、もはや中国やインドを感じさせません。メキシコのタコスとお米のコンビネーションが沖縄の「タコライス」と変化したように、原形すら感じさせない新種として定着するものまであります。

　長い伝統を持つ古典芸能の世界も同様のようです。柳家花緑（かろく）[2]という人は、戦後最年少（22歳）で真打昇進を果たした実力派の落語家ですが、独演会の時にはスーツ姿で椅子に座って落語を披露することがあったそうです。最初の頃は周りの落語家諸氏から相当な批判を浴びたようですが、花緑の意思は変わりませんでした。座布団は落語が生まれた時代の「普通」、椅子は今の「普通」だから、むしろ落語の原点に戻っているのだ、というのが彼の主張です。

　花緑の挑戦は今の落語界を即座に変化させるものではないかもしれません。しかし、文化は思いがけない変化をとげることもあるのです。いつか、椅子やスーツでの落語がごく当たり前になる可能性を誰も否定することはできません。

---

[2]　人間国宝の認定を受けた5代目柳家小さんのお孫さんです。

　異文化コミュニケーションにおける文化理解をめぐって注意が必要なのは、人格の違いによるコミュニケーションギャップの問題です。異文化コミュニケーション学では、パーソナリティ（個人の特性）を文化とは考えません。先述したように、研究対象は集団が共有する現象ですから、「性格の全然違うクラスメイト」や「発言がいちいち気になる○○先輩」などとのコミュニケーションは研究の対象外です。次節で触れるように、個人の人格形成に所属文化が果たす役割は重要ですが、パーソナリティには文化として考えられる要素以外にも、家庭独自の考え方や生き方、生得的資質など、個人の独自性が内包されているからです。

　文化に優劣はないということも肝に銘じましょう。異なる文化の人びとは異なる内容をまったく「同程度」に能率よく学習しています。仮にある文化集団が文字を持たなかったとしても、かれらは集団生活を成立させるための様々な技術（たとえば、効率的な狩りはどのように、誰とおこなうか、どのような植物がケガの治療に役立つかなど）や考え方・習慣を持ちます。日本文化に1億円の価値があるとしたら、かれらの文化にも1億円の価値があるということです。

（2）文化は多元的

　異文化間のコミュニケーションにおいて注意しなくてはならないことのひとつに、文化が内包する多元性があります。「日本人は○○だ」のような、単一的な見方は大小の誤解を招くことがあります。というのも、文脈に応じて人びとは、異なる文化的価値や考えをバランスよく使いわけていることが多いからです。たとえば、社会学者、中根千恵[3]の説得的な論考が示したように、日本人は一般に年齢や立場の違いに配慮したタテの人間関係に価値をおくコミュニケーションを多用します。敬語が高度に発達したのは、こうしたタテの人間関係が背景にあるのです。

　一方、日本人にはきわめて強い平等意識もあります。突出した才能を伸ばすより、全体的な底上げが目指される教育、会社役員の俸給の低さ[4]などは、戦後日本が創りあげた文化的価値観の表れです。こうした現象は「集団主義志向」を表しているといわれることも多いのですが、実はそれだけでもありません。

　私たちはきわめて強い「個人主義的」考え方も持ち合わせています。時折、世間を騒が

---

3)　『タテ社会の人間関係』『適応の条件』などを通して日本社会の人間関係のあり方を論じた研究者。

4)　その時々の経済状況や計算方法にも左右されるため、調査によって揺れが見られるものの、日本企業の役員報酬は、一般社員の10倍～30倍、ヨコの人間関係に理想をおく米国では100倍～400倍程度といった報告も見られます。

せる「自己責任論」は、日本人の個人主義を示しているようにも見えますし、また、集団主義的にみえる行為の多くは、むしろ、個人主義を守るためにおこわれていると考えることすら可能です。集団主義志向も個人主義志向も、実際にはそれらが相互に連関しあいながら、文脈によってその一部が強く表現されたり、逆に弱まったりしているといえるのではないでしょうか。

　さらに、これは決して忘れてはならないことですが、文化は変容します。たとえば日本は明治以降、西洋的な文化を戦略的に受け入れ、人びとの暮らしぶりや考え方を徐々に変化させてきました。女性の憧れは大きな目を持つ西洋的な顔立ちと背の高さになりましたし、ビジネスにおいても話上手・交渉上手、プレゼン能力が高い人の方が評価されるようになりました。グローバル化による頻繁な異文化接触は、ますます日本文化変容を推し進めています。

　そこで重要となるのは、「日本では（日本人は）」「中国では（中国人は）」「カナダでは（カナダ人は）」のように、文化の間に厳格な線引きをしないようにすることでしょう。ある文化が「○○だ」と指摘される時は、特定の状況における人びとのある行動が、同じような状況にある異文化の人びとと比較されています。しかし、別の状況では異なる現象が起こる可能性を考えておくことも大事なのです。また、どのような国家も政治的な土地の線引きによる人びとの集合体ですから、そこには常に文化的・民族的少数派が存在していることも心にとめておく必要があるでしょう。

　ある国や地域で人びとの行為に居心地の悪さを感じる時は、①そうした行為をもたらしたであろう社会的・歴史的事情や環境などを考えるとともに、それが②どのような場面（相手は誰？　場所はどこ？　など）でおこったことなのかを検討することも大事です。板場（2011）が述べるように、文化とは「コミュニケーションそのものの時空間の中で、共時的に、そのたびごとに命・存在が与えられる（p.116）」側面も持ち合わせているからです。

ちょっと一言

　私たち一人ひとりのなかにも文化的多元性は存在します。たとえば、アメリカ合衆国第44代大統領バラク・オバマ氏は、就任当時よく文化的多元性を象徴する人物としてメディアに取り上げられました。

　オバマ氏の母親はアメリカ中西部カンザス州出身の白人、父親はアフリカのケニア出身の黒人で、両親の離婚後、2番目の父となった男性はインドネシア人でした。また、オバマ氏は高校まではインドネシアとハワイに暮し、大学ではボストン、その後はシカゴに移り住んでいます。オバマ氏のなかには母が持つヨーロッパ系白人の考え方や彼女が育った米国中西部の文化、2人の父から受け継いだケニアやインドネシアの文化、それにハワイやボストンの異なる地域文化、弁護士や政治家という職業に特有なモノの見方、さらに男性というジェンダー文化などが存在していることがわかります。

　オバマ氏が大統領に選出された時、世界のおおかたの見方はアメリカ初の「黒人」大統領でしたが、オバマ氏の文化的多面性を考えると、その点についてもある種の疑問が生じます。オバマ氏の実父は、ケニア出身の留学生でしたが、アメリカでは、「黒人」や「アフリカ系アメリカ人」とは誰かということについての論争が絶えません。ある人たちは、南北戦争（1861〜1865年）前にサハラ以南の地域から奴隷として連れてこられた人びとの子孫に限定すべきと考え、別の人たちは自由に自らの意思でアメリカにやってきた移民を含めるべきと考えているのです。こうした事情を考えると、仮にオバマ氏が、アメリカに何世代も前から暮らしている黒人の人びとに対して共感的な発言をしたとしても、そこだけ切り取って議論することに妥当性はないと考えた方がよいということがわかります。

（3）文化理解の方法

　文化を理解するひとつの方法として、氷山が利用されることがあります。私たちがはっきりと確認できる目視可能な文化は、言語、芸術、音楽、政治、経済、建築物などで、全体の一部でしかないからです。

　氷山の絵は、私たちが異文化コミュニケーションの実践で気をつけなくてはならないことを、端的に示してくれます。すなわち、可視化された「実態」としての異文化は、文化全体からみると一部分であるにすぎず、それらを学んだからといって安心してはいけない、ということなのです。本気で異文化の相手を理解し、コミュニケーションの成立を望むなら、水面下に置かれた隠れた文化要素に対する気づきを高めて、それらを理解するための努力を惜しまないことです。そして、あきらめずに対話を繰り返すことでしょう。異

文化コミュニケーションに必要な文化能力は、こうしたプロセスを経ることでのみ、身につくと考えられています。

　海上にある文化と水面下にある文化は、互いに関連しあっているということも大事です。それぞれを無関係な別のグループと考えることはできません。たとえば、何を汚く感じるかという意識（清潔感）は、清潔な状態を具現化する人びとの行為をうながしているからです。

　数年前、カナダで現地の人たちとシェアハウスに住んだことのある筆者の学生は、ルームメイトたちが汚れたスニーカーを共同使用の洗濯機で洗い、靴を脱がずにベッドの上で寝転がり、リビングの床にパジャマのまま座ったりすると嘆きました。こうした行為はカナダ人にとって、ことさら珍しいことではありません。屋内で靴を脱ぐ習慣のない人びとにとって、靴底についた微量の汚れやほこりは非衛生的でも不潔でもないからです。しかし、学生のことばを借りれば「不潔なカナダ人についていくことができなかった」そうで、一時期は強迫性障がい（過度に手洗いをするなど）に似た症状が出たと話してくれました。

　また、親切心から知り合いにお金を融通したら、その人から「ありがとう」と感謝のことばが返ってくるのは当たり前と考える日本人は、感謝どころか当たり前のように結婚祝金を受け取るバングラデッシュ農村部の花嫁・花婿の「道徳心」のなさに驚愕することでしょう。イスラム文化では経済的により豊かな人びとが、そうでない人に何らかの支援や援助をおこなうことは自らの徳を積むためであって、支援を受ける側は、むしろ、そのお手伝いをしているといった感覚すらあります。

　可視化される一部の行為や現象だけを切り取って、文化を評価することはできません。部分は全体のなかで関連しあっているからです。たとえばレディファーストの習慣だけをとりあげて、「西洋の男性は女性にやさしい」などということはできないのです。長い歴史のなかでヨーロッパの男女が互いに相手をどのように理解し、どのような関係を築いてきたのか、そしてそれがどのようなジェンダー観を育ててきたのか、つまり、目にすることができない男女にかかわるかれらの価値観を考慮する必要があるということです。

　「見えない文化」はやっかいなものです。それは人びとの心に深く根ざして、生活における常識的行為を陰から支えているのに、きちんと説明する必要も義務もないことが多いからです。異文化コミュニケーションには、他者とのかかわりあいのなかで生じる上記のような「常識やぶり」の行為に対する悪感情にどう対応するかが問われます。水面下にある文化の多くは、倫理観や死生観、集団的トラウマ[5]　など、複雑きわまりない心の問題

5）　日本人の集団的トラウマはどのようなものでしょうか。筆者はそのひとつに西洋諸国、特に英米に対する劣等
　　感をあげたいと思います。英米に対する強い憧れは、戦後日本の経済発展の大きな原動力となりましたが、それ

であり、ただでさえ説明が容易とはいえないのに、感情的になって冷静さを失えば、混乱は増すばかりだからです。

　人びとの移動がゆるやかだった時代はすでに去り、異文化は「見たり」「聞いたり」「読んだり」する対象から、本気でかかわりあう必要のある「生身」の知り合い・友人・同僚となりました。異文化の人びとを公正な目で評価し、相手と平和的で発展的な関係を構築するためには、忍耐強く水面下にある自他の文化を知る努力が必要といえるでしょう。相手の「非常識な行為」もそれに反発を覚える自分自身も、互いの見えない文化側面が大きく影響しています。

（4）文化の普遍性

　文化は人びとの生き方や生活のあり方を方向づけるものですが、いかなる文化にもいくつかの重要な骨組みが存在します。文化が一軒の家だとすると、建築様式や色、大きさなどは異なれど、どの家にも屋根や壁、窓、床などが必要だということです。文化に関する説明のしめくくりとして、ここでは文化の持つ普遍的システムをみていくことにしましょう。

　まずは経済システムです。人間が集団として生きていくためには、資源を得る（生産する）、流通する、消費するなどのシステムが必要です。たとえば日本やアメリカのように、市場経済システムを採用している国々もありますし、そうでない国や地域もあります。また、どのような形のシステムであれ、集団に所属するメンバーが異なるバラバラのやり方で別の通貨を使って商売をしたり、消費したりすることは不可能です。私たちは、所属する社会集団に固有の経済・金融システムのなかで、国や地域が定めたルールを守りながら暮らしているのです。

　さらに、文化が存続するためには、どのような手続きにしたがって結婚し、いかに子どもを育てるのかなど、婚姻や家族、そして教育にかかわるシステムも必要です。たとえば、日本で法的に結婚を認めてもらいたい場合は、今のところ生物学的な意味での男女のカップルでなくてはなりませんし、その2人が署名した婚姻届を役所に提出する必要があります[6]。一方、世界には同性婚を法的に認める社会もありますし、婚姻届に神父や牧師あるいは第三者の署名を必要とする仕組みを採用しているところもあります。

　　は日本文化を否定し、西洋文化を尊ぶ日本人の強い態度を醸成してきました。英米語が「標準」だとする姿勢（逆から見ればオーストラリアやニュー人ランドは非標準とする見方）、学校における音楽教育は西洋クラシックが主流などの傾向は、ごく最近まで続きました。

6)　このところは、日本でも条例や要綱などで同性婚（同性パートナーシップ制度）を認める自治体が増えています。

生きるための知識を子どもに与え、所属する集団の価値や伝統的行為を次世代に伝える教育システムを持たない文化もありません。子どもを何歳で学校に行かせ、何年で卒業させるか、また、家庭や学校によってレベルの強弱はあるものの、いかなる文化集団もかれらが大切にしてきた倫理や道徳を子どもたちに教えるシステムを必ず持っています。

さらに、見えない力を信じたり、信仰を持ったりすることも通文化的です。人生にはどう考えても理不尽としか思えないようなことが起こるからです。なぜ、誰よりも優しく愛くるしかったあの人が10代で死んでしまったのか？ なぜ、寝食を忘れて誠実に働き続けたあの人が70歳を過ぎて、なお経済的に苦しい生活を強いられるのか？

意外に思われるかもしれませんが、一流の科学者もまた、同様の思いを抱くことがあるものです。筑波大学名誉教授の村上和雄氏は、高血圧の原因とされる酵素「レニン」の遺伝子研究で世界的に著名な学者です。著書のなかで彼は、一生懸命に研究を進めるなかで出会ったいくつかの「説明できない」大きな幸運について言及し、さらに、人間存在を可能にする「間違いなく配列された60兆の細胞」に‘サムシング・グレート’（偉大なる何か）の力を感じたと、繰り返し述べています。

人は生きる力や癒しを、そして困難な事象に対する論理や説明を超自然的な存在に求めてきたのでしょう。ある人びとにとっては、それが神や仏、祖先の霊であり、別の人びとにとっては占いやパワースポットなどへの「信仰」となっています。

さて、文化のこうした普遍性から前述のフェラーロは、人びとの異なる習慣、思考、行動パターンは、結局のところ、同一の基本的な問題に対する人間の異なる解決方法として表れているだけだと述べています。文化は多元的かつ変容する性質もあわせ持っていることから、実際の異文化コミュニケーションでは、文脈に留意しながら文化本質主義に陥ることなく冷静に対応することが肝要です。

（5） 文化とことば：言語決定論（サピア＝ウォーフの仮説）[7] を考える

ことばと文化は表裏一体といわれます。ことばは、私たちの考えやアイデア、感情を伝えるための単なる道具ではないのでしょうか。文化について考えてきた本章の最後に、ことばと文化の関係について考えることにします。

コミュニケーションは言語だけでおこなわれる行為ではありませんが、その価値を低く見積もることもできません。ことばには抽象概念を成立させる力がありますし、そのことで人間の暮らしや生き方を高度に発展させる大きな力が内在しています。

---

7) 言語決定論は、当初エドワード・ウォーフによって提唱されましたが、後に共同研究者となったベンジャミン・リー・サピアの名前が付された「サピア＝ウォーフの仮説」と呼ばれることが多くなりました。

　異文化間のコミュニケーションを考える上でも、言語と文化の深い関係を理解することは重要です。ことばには集団の考え方や態度、価値観が表現されるからです。たとえば、日本人にとって「花見」の対象となる花はサクラであって、ユリでもバラでもヒマワリでもありません。しかも、それは万国共通ではないのです。ある国の人にとってはバラ、別の国の人にとっては牡丹になりえます。要するに、ことばはそれ自体が現象を意味しているのではなく、人びとの考え方やものの見方（＝文化）がことばに意味を与えているということです。

　一方、その逆に「ことばが私たちの考え方を左右とする」という見解もあります。これは言語決定論（サピア＝ウォーフの仮説）と呼ばれています。この仮説によれば、言語は思想形成のためのひとつの主要な要素ですが、それは人間の自由意志や判断を否定することにもなる意外性に満ちた考えでした。

語彙と文法が人びとの「経験」と関連している？

　一般に、ことばは私たちの考えや感情を表現する「道具」なのであって、道具自体が人間の考えを左右するとは考えられていません。皆さんは、普段、使っている日本語が、日本人の考え方を創っているなどと考えたことはありますか。

　サピア＝ウォーフの仮説の妥当性は、特に語彙について認められています。たとえば、札幌の北東およそ 300km に位置する陸別町は日本一寒い町として知られ、2019 年度の最低気温はマイナス 31 度を下回りました。こうした冬を過ごす陸別の人びとは時に「しばれる」経験をするのですが、それはそうした経験を表現するための単語が存在するからです。「しばれる」という単語を持たない人びとが経験するマイナス 31 度は、「とても寒い」体験でしかありません。つまり、北海道方言をあやつる人びとは、寒さに関する異なる単語の存在によって、「しばれる」経験と「とっても寒い」経験を分けて理解することが可能だということなのです。

　同様に、西日本を中心にした地域の人びとは、春しぐれ、こぬか雨、さみだれ、ひさめ、狐の嫁入りなど、実に数多くの雨を、また、ワインソムリエが数多くのぶどうのかおりを、そしてカラーコーディネーターが様々な色を経験できるのは、「豊富な単語を持っている」ことと無関係ではありません。

　異文化との接触によって新しい単語が紹介され、定着すれば、それも人びとの考え方や経験を左右します。セクシュアルハラスメント（セクハラ）が日常語となっていくにつれ、異性とのかかわり方に対する日本人の考え方や行為も変化してきたことは周知の事実です。昭和の時代には宴会の席で女性が男性にお酌をするのはごく当たり前と思われてい

ましたし、男性によっては酔いにまかせて女性の部下や同僚のお尻をさわったりしていたものでした。平成以降、そうした行為は激減しましたが、それはセクハラということばの獲得によるものでしょう。

　一方、サピアとウォーフは、語彙よりもむしろ文法が人びとの認知・思考に与える影響を重視しました。文法には地域差や個人差が少なく、同じ言語を話す集団の思考や思想の中核となっていると考えたのです。

　たとえば、リンゴなら一般に全部好きという意味の日本語表現は「りんごが好き」ですが、英語では "I like apples." となります。この場合、'apple' はいつも複数形にしなくてはなりません。そして、おそらくはそのルールの違いによって、同じ意味を持つ表現がそれぞれの言語話者に異なるイメージをもたらすのです。「りんごが好き」という表現から日本人がイメージするのは、たいてい一個のりんごでしょう。しかし、英語母語話者の友人は "I like apples." から複数のリンゴ、あるいはリンゴを含む複数の果物をイメージするといいます。

　また、英語で何かを表現しようとすれば、必ず主語が必要です。実際の行為者がいる場合はもとより、行為者が明らかでない気象などの事がらについても 'it' という論理上の主語をつけなくてはなりません。たとえば日本語では、出産直後の赤ちゃんを「男（女）の子です！」と主語のない文章で表わしますが、英語では "It's a boy (girl)!" です。人間の赤ちゃんにすら 'it' という主語をつけるのは、イギリス王室に生まれた王子や王女も、一般市民の家庭に生まれた子どもも同じですから、'it' の持つ意味そのものより、主語を置くという文章構造が大事にされていることがわかります。その背景には、行為者を特定してその責任母体を明らかにすることを重要視する英語話者の価値傾向があるといえるでしょう。

　一方、日本語は行為の主体を明示しないことが多く、人びとの視点は現象そのものに注がれることになります。「会議は10時に変更されました」という時、日本では会議時間を決めた主体を示す必要性がほとんどありません。状況によっては「誰が？」と主体を明らかにする必要もあるでしょうが、一般には、「会議を取り仕切る上層部の人たちのうちの誰かが」という程度の理解で十分と考えられているからです。

　さらに、日本語の時制は、「行く」「買う」「食べる」などの現在形と、「行った」「買った」「食べた」のように「タ」で終えることによって表される過去形があり、そこに行為が進行していることを示すアスペクトが重なると「買っている」「買っていた」となります。また、英語同様、日本語にも未来時制はありませんが、助動詞（will）ではなく「明日」「来年」などのような語句を使うことで表されます。

　興味深いのは、過去を示す動詞が必ずしも過去の事象を表さないことが頻繁におこるということです。「そうか。わかった！」（過去形を使って現在の気持ちを示す）、「よし、買った！（＝いいね、買いましょう）」（過去形を使って未来の行為を示す）、「今、バスが来たようだ」（現在を示す「今」と、過去形を使って未来を示す）、「どいた、どいた！（＝どけ、どけ！）」（過去形を使って未来の行為をうながす「のこった！　のこった！」も同じで、「頑張って土俵に残れ！」の意味です）、「あ、明日の約束忘れてた！」（過去形をつかって現在の状況を確認する）など、過去形は過去を表すだけでなく、時に現在、時に未来を意味することもできるのです。

　過去形を使って行為の確認をするのは、何も日本語に限ったことではありませんし（たとえばフランス語でも「ここにいたの？」のような表現がある）、また、英語も未来の行為や事象を現在形で示すことはありますが（Tommorow is Sunday ／ I can do it tommorow など）、日本語ほど柔軟ではありません [8]。

　サピア＝ウォーフの仮説にひきつけて考えれば、こうした時制に関わる文法を持つ日本語が、日本人の神・人・自然を循環的にとらえる世界観（第 3 章で詳述）を育んだのかもしれませんし、また、より現実的なところでは、残業や長い会議の許容、あってないような予約などにつながる可能性があります。少なくとも時間を点と線でまっすぐ未来へ結ぶ英語話者とは異なる感覚といえるでしょう。

　大谷（2007）などは、国際的な共通数学試験における日本人の好成績も「日本語そのものの力に負うところが大きい（p.27）」と述べています。中国語と同様に日本語は、簡明な数詞、完全な 10 進法の数詞組織を持っていますが、ヨーロッパ語の数詞体系は単純性と合理性に欠けるというのが、その理由です。たとえばフランス語で 80 は、（4×20 の発想で）4 のあとに 20 と発声します。90 は 80 が起点となり、4×20+10、つまり「80 に 10 を足した数」となります。デンマーク語はもっと複雑で、50 は 2.5×20 と発声され、90 は 4.5×20 と発声されるそうです。英語はヨーロッパ言語の数詞のなかで最も「出来がよい」とされますが、それでも英語話者の生活には、ダース、インチ、フィートなどの 12 進法が根強く残り、多くの人は、10 を位取り（place-value）と理解することが困難です。

---

8)　一方、英語は日本語に比べて時間表現が豊富で分析的といわれます。英語は動詞を変化させて過去と現在の時間を示し、未来は助動詞 will を使って示しますが、最もシンプルな I play のような表現から最も複雑な I would have been playing のような表現まで、16 種類もあるとされます（play, be playing, have played, have been playing, played, was playing, had played, had been playing, will play, be going to play, will be playing, will have played, will have been playing, would play, was going to play, would be playing, would have played, would have been playing）。主節における行為者（主語）の行為のアスペクト（行為が完了しているか、進行しているか）を確認しながら、それが起こった時を起点に従属節・関係節の時制を合わせることができるのは、時間表現が豊富だからです。

英語をはじめとする西洋言語の母語話者が、日本人にとってはごく簡単な四則演算に時間をかけ、時に銀行員ですら計算ミスをすることがあるのは、母語の影響が大きいといえるのです。ことばの構造が、客観的とされる加減乗除などの得手・不得手を形成するというのは、大変に興味深いことです。

ことばが集団の思考や認知と関連しあっているという考え方は、イスラエルが公用語としてヘブライ語を採用した理由のひとつにもなっています。ヘブライ語は、それまで1700 年以上もの間、話す人のいない文章言語となっていましたが、1948 年のイスラエル建国時にユダヤ人の母語として復活しました。ヘブライ語を公用語とすることは民族の誇りを引き継ぐことであるとともに、価値観や思考方法を含めたユダヤ人としての総体的な文化継承を意味するからです。

さまざまな議論を経て、サピア＝ウォーフの仮説は今、「言語、認知、思考は互いに深く関連しあっている」と、よりゆるやかなものへと修正されています。というのも、修正前の仮説を極端に解釈すれば、言語がなければ思考はできないということになってしまうからです。しかし、たとえば高次脳機能障害のひとつとされ、「聞く」「話す」「読む」「書く」といったすべての言語機能に障害がみられる失語症の患者であっても思考することがわかっていますし、言語を持たない霊長類のなかには、チンパンジーやオランウータンのように、状況に応じて独創的な考えを行動に移す動物もいることがわかっています。

最初に出された考えは「強い仮説」、そして後に修正された考えは「弱い仮説」と呼ばれています。そして、現在一般に支持されているのは「弱い仮説」の方です。

引用文献

板場良久（2011）「コミュニケーションと文化」日本コミュニケーション学会編『現代日本のコミュニケーション研究 — 日本コミュニケーション学の足跡と展望』(pp.111-118) 三修社。

ウォーフ、B.L.（1993）池上嘉彦訳『言語・思考・実在』講談社。

サピア、E.（1998）安藤貞雄訳『言語：ことばの研究序説』岩波書店。

大谷泰照（2007）『日本人にとって英語とは何か：異文化理解のあり方を問う』大修館書店。

フェラーロ、G（1992）太田正孝・江夏健一訳『異文化マネジメント：国際ビジネスと文化人類学』同文館出版。

村上和雄（2004）『生命の暗号：あなたの遺伝子が目覚めるとき』サンマーク出版。

第3章　たかがコミュニケーション、されどコミュニケーション

学生の声　友だち作りが苦手です。嫌われたらどうしようと、なんでも相手に合わせる自分も嫌いです。昨日も食べたいものがあったのに、つい「なんでもいいよ」といってしまいました。

1　アクティビティ・セッション

コミュニケーションが持つ機能（役割）について、以下に示した2つ以外にどのようなものがあるか考えてみましょう。

① 情報の伝達
② 関係の構築、維持、終結
③ _____
④ _____
⑤ _____

　　　　　　　　　　　　　　　　　　　　　　　　　　　　　など

ワークショップ　#1

　家族や友人、恋人などとのコミュニケーションがうまくいかなかった経験をグループで共有してみましょう。理由を含めて考えてみてください。

自己を知る：「私は（が）」で始まる文章を 20 個書いてみよう。ひとつの文章に複数の情報を含めないように注意しましょう。書き終えたら、似通った内容ごとに整理してカテゴリーにわけ、内容を示す名前をつけましょう。

例：①私は週5日アルバイトをしています。②私は自分の容姿が嫌いです。③私は韓国語の勉強が好きです。④私はちょっと太っています。⑤私は韓国のアイドルが好きです。⑥私は自分の眉が好きです。

上記ような文章群を整理する場合、②、④、⑥は一つのグループ、③と⑤は別のグループといった具合にカテゴリー化します。それぞれのグループには「容姿」「韓流」などの名前をつけることが可能です。

① _____ ② _____

③ _____ ④ _____

⑤ _____ ⑥ _____

⑦ _____ ⑧ _____

⑨ _____ ⑩ _____

⑪ _____ ⑫ _____

⑬ _____ ⑭ _____

⑮ _____ ⑯ _____

⑰ _____ ⑱ _____

⑲ _____ ⑳ _____

2　リーディング・セッション

コミュニケーションは、友だちや家族を理解するためにも、就職のためにも、そしてグローバルに活躍するためにも大事だといわれます。しかし、皆さんはこのことばが意味するところを具体的に考えてみたことがありますか。そもそもコミュニケーションは、なぜ、それほど重要視されるのでしょう。本章では、異文化コミュニケーション学の視点から人間がおこなう行為としてのコミュニケーションについて考えます。

（1）　コミュニケーションは複雑系？

人間のコミュニケーションを学術的に説明しようとする試みは、これまで多くの研究者によって行われてきました。一方、その定義は多種多様ともいえる様相を呈しています。概念としてのコミュニケーションは、それが扱われる専門領域において、むしろ戦略的に定義づけされてきたからです。文化人類学的な観点からの説明があると思えば、医療現場における理解を反映したものもあり、また、カウンセリングでの効果が想定されたものもあれば、経営コンサルタントの視点からのものもある、といった具合です。

また、多様な定義が存在するのは、コミュニケーションという行為が、私たちの経験、感情、知性、そして所属する文化や社会秩序、階層などといったものまで包摂するきわめて複雑で、見通しのきかない行為だからともいえます。一般にコミュニケーションは、「会話」「伝えあい」などと表現されますが、少し掘り下げて考えようとすると何やらつかみどころがなく、戸惑いを感じる人も多いことでしょう。

コミュニケーションが複雑であることの一端を示すものとして、2人でおこなう会話には6人の人間が関わっているようなものだという考え方があります。すなわち、①あなたが考えるあなた、②あなたが考える相手、③あなたが考える相手の心の中にいるあなた、④相手が考える相手、⑤相手が考えるあなた、⑥相手が考えるあなたの心の中にいる相手です。

仮に会話する2人を日本人の青田さんとカナダ人のマーティンさんということにしますと、「6人」とは以下のような人物になります。

青田さん
①　青田さんが考える自分
　「内気に見えるが実は目立ちたがり屋」

② 青田さんが考えるマーティンさん

「いつもニコニコしているが、人を引っ張る力がある」

③ 青田さんが考えるマーティンさんの心の中にいる自分

「引っ込み思案」

マーティンさん

④ マーティンさんが考える自分

「明朗活発だが、リーダーよりはサポート役の方が好き」

⑤ マーティンさんが考える青田さん

「頑固だし、プライベートなことは話したがらず閉鎖的」

⑥ マーティンさんが考える青田さんの心の中にいる自分

「おしゃべり」

6人の人物が関わる2人の会話はどのような展開をみせるのでしょう。

たとえば、青田さんとマーティンさんが会社の忘年会で幹事をまかされたと仮定します。マーティンさんは、相手を頑固だと思っているので、もし、日程や宴会の場所について青田さんが提案した場合は、その考えにむやみやたらと反論するのは避けようと決めているかもしれません。また、マーティンさんは宴会を盛り上げるためのいくつかの具体的提案もあるのですが、いずれの案についてもサポート役として関わりたいと思っており、しかも相手の目におしゃべりだと映っているかもしれない自分の印象を良くしようと、まずは青田さんの出方を待つかもしれません。

一方、青田さんは、明るく強い性格を持つマーティンさんに、宴会の段取りをまかせた方が良いと考えており、自分から何かを提案をすることを避けるかもしれません。また、実は自分は手品を学んでおり、いつかそれを披露したいと思っているが、相手は自分のことを引っ込み思案と思っているのだから、今回はそのことに触れないでおこう、といったことが起こる可能性もあります。

こうして考えると宴会幹事をまかされた2人のコミュニケーション活動は、実にいろいろな思いが交錯するプロセスであることがわかります。また、会話をしている最中に第3者が入り込んだり、外で大きな交通事故でもあって2人の気がテーマからそれてしまったりすると、会話の方向性も結果もおおいに異なるかもしれず、しかも、自分自身の評価を除く心の中の「4人」は、もしかしたら誤解にもとづく虚像である可能性もあるのですから、本当にやっかいです。

（2）３種の人間関係とコミュニケーション

　コミュニケーションを複雑にしているもう一つの要因は、会話をする２人の関係です。人間は社会的存在ですから、コミュニケーションが相手との関係に左右されるのは自然なことでしょう。同じ目的をもった会話であっても、相手が憧れの野球選手やタレントなどである時と、会社の同僚や家族、友人ではそれぞれコミュニケーションのプロセスが異なる可能性は高く、したがって結果も異なることがあるのです。

　Wood（2007）は哲学者マルティン・ブーバーが論じた３種の人間関係を援用して、コミュニケーションにおける関係の質を、①私とソレ（I-It）、②私とあなた（I-You）、③私と大事なあなた（I-Thou）の３レベルで考えました。

　「私とソレ」のコミュニケーションでは、「私」は相手の人間性や人格、存在を十分に認めません。具体的には、路上でチラシやティッシュを配る見知らぬ人やホテルの廊下で会う清掃員、通勤途中ですれ違うジョギングの男女などが、「ソレ」とされる対象です。特別の事件やきっかけがない限り、「私」はこうした相手と人間的な触れ合いを求めようとはしませんし、その必要もないと考えているのです。「私とソレ」の関係でおこなわれるコミュニケーションは、表面的でおよそ意味のない簡単な社交辞令としての挨拶程度です。

　一方、私たちが会話をする相手の多くは、一般に「私とあなた」の関係にあります。学校・会社・サークルなどの仲間、先輩・後輩、仕事の相手などが、その対象でしょう。このレベルにある相手とは、互いに顔も名前も知っており、会えば挨拶以上の会話をします。「あなた」とされる対象の幅は広く、このレベルにおける親しさの度合いも多様です。恋愛や転職などプライベートなことを相談するほど仲が良い場合もあれば、10年以上の付き合いがあるのに、互いの家族構成を知らないような場合もあるでしょう。このように親しさの度合いが低い対象と、「私とソレ」がどう違うかといえば、互いに相手を「知り合い」あるいはそれ以上の関係にあると認め、少なくともマンション共用部や山登りで交わす社交辞令としての「こんにちは」以上の会話が期待される相手だということです。

　最近では「私とあなた」の関係をビジネスに活用しようとする動きも見られます。客の名前を記憶して話しかける、笑顔で個別ニーズに対応するなどの接客は、疑似的ではありますが「私とあなた」の関係をビジネスという場に創出しようとする試みです。

　リピーターが絶えない老舗旅館や娯楽施設、レストラン等では、客を喜ばせるための仕掛けが数多く用意されていますが、接客の前提となっているのが「私とあなた」の関係です。興味深いことに、こうした接客は客の満足度をあげるだけでなく、従業員の仕事への満足度も高めていることがわかっています。ビジネス場面における客との関係深化は、コミュニケーションをおこなう双方にとって利益的なのです。

　最後は最も質の高い関係で、「私と大切なあなた」と呼ばれました。父や母、そして妻や夫、子ども、親友などです。かれらは「私」の人生になくてはならない存在ですが、その対象はきわめて限定的です。ですから、他の人には話しにくい個人的でプライベートな内容を話すこともあるでしょうし、もはや挨拶や笑顔など社交的態度すら必要とされない時があるほどです。

　ところで、昨今ではSNSを通して名前も知らず、顔も見たことのない相手と親しくつき合うことが可能になりました。富田（2017）は、そうしたコミュニケーション相手を「インティメイト・ストレンジャー（intimate stranger：親密な他者）」と呼んでいます。インティメイト・ストレンジャーは、非常に親しい「私とあなた」の関係にありながら、同時に「私とソレ」の関係にある相手にもなります。SNS上の仲間は、興味・関心を共有する上下関係のない相手ですから、胸の内を気楽に明かしあい、短期間で親しさが深まる可能性が高いことは確かですが、その一方で、悩むことなく簡単に別れる（関係を打ち切る、または打ち切られる）ことも可能だからです。

　SNS上のコミュニケーションはその複雑性において対面型（face to face）のコミュニケーションとは比較にならないほど単純です。参加者は年齢、職業、性別、容姿、非言語行為、そして時空間すら飛び越えて、自分のなかのほんの一部を使ってコミュニケーション活動をおこなっています。ある鉄道マニアの男子学生は、SNS上で他のマニアと「親しく」つき合っているかもしれませんが、極論すれば、それは鉄道というテーマに限定されたつき合いでしかありません。親しいからと結婚披露宴に招待する必要はありませんし、逆に、相手から誕生日を祝ってもらったり、受験の失敗を慰めてもらおうなどの期待もありません。

　SNSを通じた会話は新しい形態の対人コミュニケーションですが、最近では、この会話スタイルが対面型のコミュニケーションに影響を与えている印象すらあります。親密な関係にある人とは「会話」が途切れなく続くことが重視される一方、大事なことを面と向かって話せない、（絵文字のような）あいまい表現に終始する、適当に共感してみせることでやりすごすような傾向が見られます。デジタル・デバイスを利用したコミュニケーションが拡大の一途をたどるなか、（異文化）コミュニケーション研究は新たな視点からの議論が必要になってきたといえるかもしれません。

（3）　コミュニケーションとパワー

　コミュニケーションにおける社会的パワーの格差を背景とした「上下の関係」にも留意が必要です。「医師と治療方法についてもう少し詳しい話をしたかったのにできなかった

（しなかった）」「笑顔で面接を受けようとしたのに、逆に顔がこわばってしまった」など
は、多くの人が経験することです。医師と患者や、企業の人事担当者と就活中の学生など
では、それぞれ医師と人事担当者の持つパワーがより大きく、その格差がネガティブな形
で対人コミュニケーションに反映されることがあるのです。

　先にあげた「私と大事なあなた」（I–Thou）の関係にある人びとですら、パワーから
解放されることはありません。反抗期にある子どものコミュニケーションは親のパワーに
対する抵抗の形です。また、家庭内暴力（DV）も、古典的ジェンダー意識にもとづく男
性の大きなパワーが影響しています。パワーの偏りは、社会的事情、人格、会話が生起す
る場所などによって大小に変化しますが、コミュニケーションにもパワー格差が持ち込ま
れるという事実には、十分な配慮が必要です。上記した例のように、より大きな社会的パ
ワーを持つ人が、意図せず不合理に相手を委縮させたり、不利益を与えたりすることがあ
るからです。パワーが無意識に行使されることもあり、また、時には被害者ですら相手の
暴力的行為を愛情と勘違いしたり、当然視したりすることもありますから、説明や解決に
時間がかかります。

ちょっと一言

　コミュニケーションは参加者の数によっていくつかのレベルに分けて考えられています。対人コ
ミュニケーション（原則2人の参加者）、小集団コミュニケーション（15人程度までのグループ）、
パブリックコミュニケーション（多数の人を前にしておこなうスピーチ）、マスコミュニケーショ
ン（不特定多数の大衆に向けて、間接的におこなわれる情報伝達）です。一方、多くの研究者は、
上記したコミュニケーションに多大な影響を与えているものとして、個人の内部でおこなわれる「会
話」があるだろうと考えています。個人内コミュニケーション[1]と呼ばれるレベルです。それは単
なるモノローグ（独り言）ではなく、むしろ個人の感情や思い、考えが行為に結びつくまでのプロ
セスを意味する概念です。つまり、「自身を取り巻くさまざまな情報を取捨選択して、それらを自
分にとって意味あるものに処理したうえで、自らの具体的な行動につなげていくこと」なのです。
たとえば、ボーナスが振り込まれた7月のある日の朝刊に家電量販店の特売を知らせるチラシが
入っており（情報）、それを見たある人が、チラシに掲載されたエアコンの価格を比較した上で（情
を自分にとって意味のあるものに処理）、壊れたエアコンを新しいものに買いかえる（情報をもとに
した行動）、といったようなことです。

---

1)　少数派ではあるものの、コミュニケーションは他者との相互作用である必要があるとし、個人内コミュニケー
　　ションを研究の対象外と考える専門家もいます。

　当然のことですが、個人内コミュニケーションのプロセスや結果には、その時々の個人の身体的・情緒的状態が影響します。上記の例においてもエアコンのチラシを見た人が夏風邪をひいて熱や咳に悩まされている時と、復職をめざして受験した「ファイナンシャル・プランニング（FP）技能試験」に合格した日では、まったく別のことを考え、行動するかもしれません。体調不良ならチラシの情報は不要なものとして処理されるかもしれませんが、夢にまで見たファイナンシャル・プランニング技能士の資格を取得して気持ちが高ぶっている時なら、より高価なエアコンを選択したり、パソコンやDVDプレーヤーなど他のものまで買う予定を立てるかもしれないからです。

（4）　コミュニケーションはどう説明されてきたか

　コミュニケーション研究が始まったころ、人間のコミュニケーション行為は送り手から受け手に情報が伝達される一方通行型の行為と考えられていました。それをモデル化して示したのがシャノン＆ウィーバー（1949）やバーロ（1960）です。情報の流れにもとづいて、linearモデル（線形モデル）と呼ばれます。

　送り手によって発信される情報は、チャンネル（手紙、電話、インターネットやLINE、また、光、音、匂い、味など、メッセージを伝える手段）を通して受信者に伝達されます。コミュニケーションとは、話し手が言語・非言語のシンボルを使って聞き手の反応を引き出すプロセスであって、受け手の異なる反応や理解は、送り手の「話し方」によるものと考えられていました。送り手のスピーチスキル（どのような単語や文章構造、表情などを用い、いかにそれらを配列し、どのような手段を使って伝達するか）は、コミュニケーションの成否を左右する最も重要な要素と理解されていたのです。

線形モデル

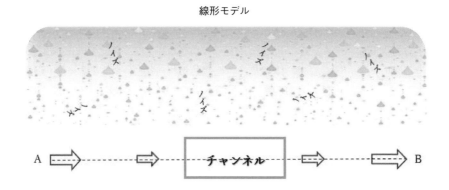

　また、コミュニケーション研究の初期段階ともいえるこの時期から、私たちのコミュニケーションは、正確な内容伝達を阻（はば）む「ノイズ」とともに進行することもわかっていました。ノイズは単一で生じることもあれば、複数が同時発生することもあります。厳しい上司の前では、ただでさえ緊張するのに（心理的ノイズ）、その日は熱があって（身体的ノ

イズ）、話に集中できないでいるところに、外では選挙カーから市長立候補者がやたらと声を張り上げる（物理的ノイズ）ので、ますます上司の話が理解できなかった、のような状況です。人間のコミュニケーションからノイズを排除することは不可能ですから、なおのこと、線形モデルでは話し手の工夫や高い技術が重要視されたのです。

　その後コミュニケーションは、メッセージの送り手と受け手が相互にその役割を交代しながら、情報伝達や娯楽、説得などの目的を達成する双方向型の行為だといった見方に発展していきます。interactive モデル（双方向型モデル）と呼ばれます。コミュニケーションにおける「受け手の発見」ともいえるでしょう。

　このモデルの代表的研究者である Schramm（シュラム）（1954, 1971; Heinich, Molenda, Russell & Smaldino, 1996）は、コミュニケーションには参加者の経験が影響を与えているとしたほか、交換されるメッセージも参加者それぞれが独自の意味づけをしていると考えました。

　個人的経験（たとえば、家庭環境や職業経験など）がコミュニケーション活動に影響を与えることは自明の真理といえます。オリンピックに参加するためにおよそすべての時間を練習に費やしてきたアスリートとスポーツにはおよそ関心がない人とでは、それぞれが発するオリンピックに関するメッセージの内容や意味づけ、コミュニケーションのプロセスも異なることでしょう。また、交換されるメッセージにそれぞれがフィードバック（反応・応答すること）することで、次に続くメッセージには修正が加えられます。たとえば、受け手の反応が「無味乾燥」と意味づけられた場合と、「興味深々」と意味づけられた場合とでは、次に発せられるメッセージがまったく異なってしまうからです。

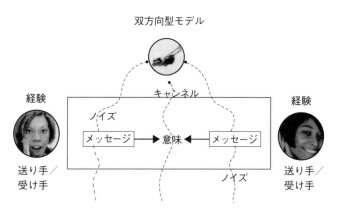

Jess K. Alberts, Thomas K. Nakayama & Judith N. Martin（2010）, p.17

　コミュニケーションにおける「受け手」、そして参加者それぞれの「経験」といった要素は、異文化コミュニケーションでは特に重要です。異文化間では、送り手の周到な準備や工夫が無力化することもあるからです。たとえば、日本人が書く推薦状とアメリカ人が書く推薦状はかなり違います。日本人の褒め方はアメリカ人からみると「控えめ」、アメリカ人のそれは日本人からみると「大げさ」です。しかも、それは書状を推薦状として機能させるための日米それぞれの文化的戦略でもあるのですから、本当にやっかいなことです。

　日本人が控えめに推薦状を書く背景には、人間は完全無欠な存在ではない、といった前提があるのです。推薦される人も、また推薦する人も人間として長所も欠点もある存在ですから、対象となる人物を過剰に褒めることは、むしろ「嘘臭く」「無責任」に響きます。一方、アメリカ人は褒めことばであふれた書状こそが推薦状と考えます。推薦する以上、ある特別の領域において相手がどれだけ能力が高く、また素晴らしい人物であるかについて、最も魅力的な表現を使って伝えたいと考えます。こちらもまた、引き受けたからには推薦に値する書状になるよう、責任を持って書いているのです。

　しかし、受け手の解釈という視点からこうした日米間のコミュニケーションを考えると、日本人の推薦状はアメリカ人にはインパクトが薄く、また、アメリカ人の推薦状は日本人の失笑を招くといったことになりかねません。異文化コミュニケーションを機能させるためには、受け手の価値観（文化）を考慮する必要があるのです。

　研究がさらに進むと、コミュニケーンはテニスのように「一人がボールを打ったら、相手が返球する」といったような活動の繰り返しではなく、むしろ、コミュニケーションを構成するすべての要素が相互依存的に関連しあう活動であり、またそれは休止することなく続くプロセスだと考えられるようになりました。この新しい考え方を反映したモデルはtransactional モデル（相互交流モデル）と呼ばれています。

　これはコミュニケーション活動全体を包括的に理解する見方です。送り手・受け手を含むすべての要素はひとつのユニットのなかで同時多発的に機能していると理解されますから、構成要素の何かが変われば、それが他の要素も影響し、全体のプロセスや結果に影響をあたえます。送り手が利用する表現やことばの配列に変化が現れた場合は、新たなノイズが発生するなどして、受け手の理解に影響することも、フィードバック（反応）も異なることがあるでしょう。コミュニケーションは厳密な意味において、いつも「新しく」それゆえ「繰り返しは不可能」という特徴があるのです。

　また、仮に学生 2 人のおしゃべりがお昼 12 時頃に始まって、授業が始まる直前の 12：50 に終わったからといってコミュニケーションは完結したともいえません。そもそも 12

時頃に始まったおしゃべりは、前日に別の人と一緒にでかけたコンサートがきっかけに
なっているかもしれませんし、もしかしたらその内容は、13：00 に始まる次の授業にか
かわっているかもしれないのです。コミュニケーションがプロセスだとされる理由のひと
つです。

　Jess K. Alberts ら（2010）は、この考え方をさらに発展させ、コミュニケーション行
為の構成要素のなかに「社会」「個人」、そして「文化」という要素を組み込んで、'The
human communication in society' と名付けたモデルを考案しました。私たちのコミュニ
ケーションには、年齢、人種、社会階級、出身地、性格、ジェンダー、過去の経験などを
踏まえた「独自の」考え方が反映され、しかもコミュニケーション行為は文化的枠組みの
なかで行われているといった考えが含まれています。

社会における人間のコミュニケーション

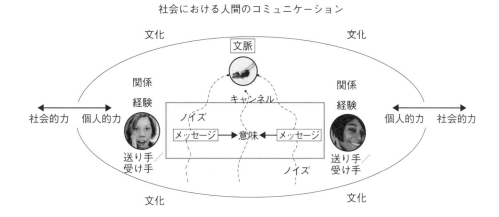

Jess K. Alberts, Thomas K. Nakayama & Judith N. Martin（2010）, p.21

　また、法や制度、国の経済、教育の在り方、慣習、メディアの内容や方向性など社会的
要因は、思いのほか、私たちのコミュニケーションを左右します。たとえば、今の日本で
は多くの女性が大学を目指し、卒業後も就職するのは当たり前と考えるようになりまし
た。しかし、こうした日本人の意識変化は、実は現代の日本社会の価値観を反映している
ともいえるのです。男女雇用機会均等法（1986 年施行）や男女共同参画社会基本法（1999
年施行）、また、加速化する少子化と労働人口の減少などが、女性労働に関する政府や大
衆の考え方を変え、コミュニケーションを通じて広く社会に浸透していきました。

　むろん、社会の在り方と人びとの意識は、「ニワトリとタマゴ」のようなもので、どち
らが先かあいまいです。新しい法律や制度ができる時は、一般に人びとの意識もある程度
は変化しているものです。

（5） コミュニケーションと自己

　人間がおこなうコミュニケーションには、自己認識が深くかかわっています。バーンランド（1979）は、人がおこなうコミュニケーションの動機を明らかにしたり、異文化間で生じる異なるコミュニケーション形式を探ろうとするなら、まずは一人ひとりが持つパーソナリティの内部構造＝自己から始める必要があると述べました。

　簡単にいってしまえば、自己とは、私たちが考える自分自身のイメージと、他者評価にもとづいて形成された「わたし意識の総体」です。一人の人間が「男」「学生」「柔道家」などのように、いくつもの自己側面を持つことも自然で、それらはコミュニケーションの文脈に応じてスポットライトを浴びせられたり、カーテン裏に隠されたりしながら、私たちがおこなうコミュニケーション内容やプロセスに影響を与えています。自己は英語でアイデンティティですが、上記したような多面性を考慮し、最近ではアイデンティティズと複数形で示されることも多くなっています。

　アイデンティティは、生まれ育つ社会・文化的な環境や時代の影響を受けながら、自分にとって重要なものは何かを主体的に選択することの繰り返しによって形成されます。異なる社会・文化は、時に同じ現象に対する異なる評価を下しますから、たとえば年齢も性別も職業も同じだからといって、日本で育った人と外国で育った人のアイデンティティは異なる可能性も高いのです。たとえば、日本人の斉藤さんとアメリカ人のベイカーさんが、どちらも男性で25歳の会社員であったとしても、両者の自己認識は以下のように異なるかもしれません。

　斉藤さん：北海道出身で、長男、血液型はAB型、現在は任天堂の社員である。
　ベイカーさん：香港からアメリカに移住した父母を持つ中国系2世。大学では情報工学
　　　　　　　を学び、今はシステムエンジニアをしている。

　日本では出身地や勤め先が自己を表す重要な側面です。伝統を維持する相撲では、今でも力士の紹介に必ず出身地がアナウスされます。かつての日本は、大小の「国」ごとに独自文化が形成され、ことば（方言）や考え方が違うことも多々あったからでしょう。どこに帰属しているかは、何をしているかより重要なのです。大学生同士が初めて会う時も同様です。先に関心が寄せられるのは、たいてい専攻より所属大学の方です。斉藤さんが北海道と任天堂を自己と結びつけて考えるのは、このような伝統的価値観の表れです。長男やAB型も、日本に根強く残る儒教的考えと、血液型性格判断の人気の高さによるものでしょう。

　一方、アメリカのような歴史の浅い移民国家に暮らせば、民族的バックグラウンドが人びとのアイデンティティの重大な一側面になるのは当然です。民族や人種（あるいはそれに代わるもの）は、たいていの公文書で記入を求められますし、メディアが日々取り上げる社会的課題の多くとも連動しているからです。また、個人の経験や能力を重要視するアメリカ社会の影響を受けて、ベイカーさんが大学での専門や職種をアイデンティティの一部として認識していることもうなずけます。

　アイデンティティには年齢や民族、生物学的な性としての男女など、自分の力では変えることができない生得的自己があるとともに、宗教や社会階級（職業、収入、住んでいる地域、教育レベルなど）にかかわる後天的自己、政治家や弁護士など社会的立場を表す社会的自己があるといった見方もあります。たとえばプロ・スキーヤーの三浦雄一郎氏は、「1932 年生まれ」の「男性」（生得的自己）で、「世界に名だたる山々の登頂に成功」したほか、2012 年には「80 歳でエベレスト登頂を果たす」（後天的自己）などした、「プロ・スキーヤー」「冒険家」であり、かつ「スキースクールの経営者」（社会的自己）です。

　年齢や民族、性別などの生得的自己は、個人が取捨選択することのできない固定的な自己側面であるがゆえに、良くも悪くも人間のアイデンティティの中核にあるとされ、まわりの人びともそれを疑いません。そのため、長期の海外暮らしを強いられた帰国児童は、生得的であるはずの「日本人性」に自信が持てず、時に激しい精神的苦痛に見舞われるといいます。性の不一致に悩む人びとも同様でしょう。生物学的には「女」（または「男」）として生まれ、その性で生きることを期待されているからです。

　心理学や社会学では、自己を理解するための別の方法も呈示されています。たとえば、本章のアクティビティセッションで取り上げた TST（Twenty Sentences Test）は、そのひとつといえましょう。「私は」で始まる自己描写を 20 文書くことによって、自己イメージを把握するという仕組みになっています。

　さらに、「ジョハリの窓」もよく知られた自己理解の方法です。これは、社会心理学など対人関係を扱うさまざまな領域で紹介されるので、名前を記憶している人もいることでしょう。モデルの考案者であるラフトとインガムは、自己という概念を 4 つに区分し、それぞれを「窓」と表現しました。自他ともに知るオープンな自己は「開放の窓(第 1 枠)」、自分は知らないのに他者は知っている自己は「盲点の窓（第 2 枠)」です。また、自分だけが知っている自己は、「秘密の窓（第 3 枠)」で、自分を含めて誰も知らない自己が「未知の窓（第 4 枠)」です。

　これら 4 つの自己側面は、動的かつ相互依存的とされ、ひとつの窓がサイズを変えれば、その他も変わります。たとえば、これまで自分が知らなかった自己側面（第 2 枠）は、

他者から指摘を受けたその時点で自他ともに知るオープンな自己（第1枠）となります。また、秘密にしていたことも（第3枠）、誰かに打ち明けてしまえばオープンな自己（第1枠）になるといった具合です。

ジョハリの窓

前述のバーンランド（1979）によれば、アメリカ人は一般に第2枠と第3枠の面積を縮めて、いかに第1枠を広げるかといったことに関心があるとした上で、日米間には自己開示という点で大きな隔たりがあると述べています。自己認識もまた、文化と切り離して考えることはできないということでしょう。

実際にアメリカで暮らしてみると誰でも気づくことですが、かれらは日本人なら隠すだろう過去の経験や、大きすぎて可笑しみすら感じさせるような夢を、実に気楽に語ります。筆者が暮らしていた時も、ほぼ初対面の大学生たちから「コミュニケーション学を専攻したのは、女優になり、将来ハリウッドで活躍したいから」「中学の頃、父の麻薬中毒のせいで両親が離婚した」などと聞かされました。

日本人にとってアメリカ人は、あまりにも「あけっぴろげ」です。出自や社会階層から解放された新しい移民国家アメリカにおいて自己をオープンに維持することは、自らの社会資源を拡充することにつながるからでしょう。自己開示にはリスクも伴いますが、同時に、他者からの直接・間接の支援や援助、将来への有効なネットワーク構築につながる可能性を秘めています。第一枠を広げる姿勢は、国家が内包する多様性の日常的な確認と容認を基礎とするアメリカ独自のコミュニケーション文化を形成してきたといえるかもしれません。

ところで、第4枠にある自己はどう考えたらよいでしょうか。誰も知らないのですか

ら、その存在すら疑わしく思う人もいることでしょう。しかし、心理学者たちによると、通常、この自己側面は効果的に偽装されたり、深く内在化されているために見えないだけなのだそうです。

　考えてみれば、私たちは思いもよらなかった場面で、まったく異なる自分を発見したり、あることをきっかけに、これまで関心を持たず、経験もしたことのない領域で才能を開花させたりすることがあります。

　「火事場の馬鹿力」は、言い得て妙な表現です。危機的状況が思いもよらぬ人の力を引き出すことが、実際にあるからです。戦後の混乱期には、戦争で夫を亡くした妻たちが自らの潜在能力をおおいに発揮しています。戦前までは、伝統的な良妻賢母でおとなしく、一人では何もできないと思われていた妻たちの一部には、会社を興して大儲けをするような人たちもいました。こうしたことも第4枠の自己と関係しているのかもしれません。

　未知なる自己が自分自身のなかにある潜在能力あるいは可能性と考えると、心をくすぐられてしまう人は多いことでしょう。人間の可能性を売り物にする多種多様な占いは現在も根強い人気を維持していますし、社会問題化する詐欺まがいの啓発セミナーにいたっては、潜在的可能性に対する人びとの期待を悪用したものにほかなりません。

　深層心理学の第一人者であった河合隼雄（1987）によれば、苦手な性格・性質が、実はあなたのこれまで気づかなかった自分自身の一部です。そして、強い光が濃い影を落とすのと同様に、苦手の度合いが高ければ高いほど、その性質はあなたのなかで効果的に偽装されたものだというのです。たとえば、あなたがワンマンなリーダーを毛嫌いしているなら、あなた自身が人には見せない傲慢さを持っているのかもしれません。また、八方美人に拒否反応を持つ人は、その人自身が世間の評価に気を配りながら生きているのかもしれないのです。未知の自己は、もっと大きな広がりがあるのでしょうが、日常生活のなかで、これといった理由もなくコミュニケーション相手を嫌うような時、河合のこの見解は、私たちを少し冷静にさせてくれる気がします。

　さて本章では、対人コミュニケーションが、以下のような特性を持つ人間行為であるを示しました。

　①　コミュニケーションは「6人」が関与する複雑な活動である。
　②　コミュニケーションにはノイズがつきまとう。
　③　コミュニケーションには個人的・社会的・文化的要素が影響する。
　④　コミュニケーションはプロセスである。
　⑤　2人の関係がコミュニケーションのプロセスと結果に影響する。

　こうしたコミュニケーションの複雑性から、私たちは社会に流布する固定的イメージ（ステレオタイプ）を乱用したり、身勝手な解釈をしがちです。また、受け取る情報に少しばかり欠損があっても、それを完全な情報と理解してしまう傾向もあるのです。

　コミュニケーションは私たちの日常であり、それゆえに文化そのものです。当たり前すぎて注意が向かないことも多いでしょうが、コミュニケーションをめぐる問題のいくつかは、知識によって問題の程度を緩和したり、回避できたりするものです。本書が焦点をあてている異文化間のコミュニケーションも、その前提に対人コミュニケーションの研究成果があることに留意しましょう。

引用文献

河合隼雄（1987）『影の現象学』講談社。

バーンランド、D. C.（1979）西山千・佐野稚子訳『日本人の表現構造：公的自己と私的自己・アメリカ人との比較』サイマル出版会。

ホール、E. T.（1979）岩田慶治・谷　泰訳『文化を越えて』TBS ブリタニカ。

富田英典（2017）『インティメイト・ストレンジャー：「匿名性」と「親密性」をめぐる文化社会学的研究』関西大学出版部。

Berlo, D. K.（1960）. *The process of communication*. N.Y.: Holt, Rinehart and Winston.

Heinich, R., Molenda, M., Russell, J., & Smaldino, S.（1996）. *Instructional media and technologies for learning*. Columbus: Prentice Hall.

Jess K. Alberts, Thomas K. Nakayama & Judith N. Martin（2010）. *Human communication in society*, Second custom edition for San Francisco State University. Boston, MA: Allyn & Bacon.

Shannon, C. & Weaver, W.（1949）. *The metahematical theory of communication*. Urbana: University of Illinois Press.

Wood, J. T.（2007）. *Interpersonal Communication: Everyday Encounters*. Belmont, CA: Wadsworth.

第4章　非言語コミュニケーションと文化

学生の声　大学で韓国人の友人ができました。とてもいい子なんだけど、最近、一緒に歩いていると手をつないできます。彼女の気持ちが嬉しい反面、本当はやめて欲しいです。

1　アクティビティ・セッション

クイズに答えよう

○：そうだよね！　　△：文化によって違うかな？　　×：違うでしょう！

① 悲しみ、驚き、嫌悪などの基本感情を表す顔の表情は、世界中で同じだと思う。

○ ― △ ― ×　なぜ？：＿＿＿＿＿＿＿＿＿＿＿＿＿＿＿＿＿＿

② 中指を突き上げるジェスチャーは、アメリカ人やイギリス人が使う身振りのひとつだが、ある映画のヒットによって世界中に広まった。

○ ― △ ― ×　なぜ？：＿＿＿＿＿＿＿＿＿＿＿＿＿＿＿＿＿

③ うなぎは日本では高級な食材になってしまったけど、美味しいので世界の食文化から消えることはないと思う。

○ ― △ ― ×　なぜ？：＿＿＿＿＿＿＿＿＿＿＿＿＿＿＿＿＿

④ 微笑（ほほえみ）は幸せや喜びを表している。

○ ― △ ― ×　なぜ？：＿＿＿＿＿＿＿＿＿＿＿＿＿＿＿＿＿＿

ワークショップ

① 私たちが日々利用する非言語行為の具体例を一覧にしてみよう（たとえば、'髪をいじる' '顔を
  しかめる' など）。

② ①であげた行為を類型化し、それぞれのグループに名前をつけてみよう。
  （たとえば、'にらむ' 'ウィンクをする' など目を使った行為のグループに「視線」または「アイコン
  タクト」などの名前をつけます）。

非言語行為が持つ機能（役割）について、以下に示した2つ以外にどのよ
うなものがあるか考えてみましょう。

① 情報の伝達
② 言語表現の意味を補強
③ _____
④ _____
⑤ _____
⑥ _____　　　など

以下は非言語行為の特徴です。下線部（a）または（b）、どちらがより適
切でしょうか。

① 非言語行為は（a）人が発する言語メッセージ、（b）人との相互作用を通して学習
  される。
② 非言語行為は多くの場合（a）記憶、（b）コントロールするのが難しい。
③ 非言語行為の（a）本、（b）文法書はない。

④　たいてい複数の非言語行為が（a）およそ同時、（b）すばやく順次に生起している。

⑤　同じ文化を共有する人びとの間でも非言語行為と（a）送り手からのメッセージ、
　　（b）言語メッセージが一致しない場合がある。

⑥　（a）主流派集団、（b）少数派集団の方が、相手集団構成員の非言語行為を読み取る
　　力に優れている。

2　リーディング・セッション

　言語はコミュニケーションにおける相互理解のための十分条件ではありません。誤解を
恐れず述べてしまえば、コミュニケーション・ツールとしての言語は網目の粗いザルのよ
うなものです。私たちは怒りや悲しみがきわまると、「ことばを失う」経験をしますが、
それは言語の脆弱性を物語る現象でしょう。いかにことばを駆使したところで、心の奥
底にある感情、たとえば、深い愛や激しい恨みなどを伝え切ることはできません[1]。こと
ばにできない深い感情は、むしろ抱きしめたり、顔をゆがめて涙をこらえるなどする行為
によって、より明瞭に伝わることが多いのです。換言すれば、非言語によって言語メッ
セージはおおいに補完されたり、強調されたりするといえましょう。

　また、非言語コミュニケーションは、いくつかの異なる行為の組み合わせによって形づ
くられ、その解釈には文脈を考慮する必要もあります。単独の行為だけをみて、正確にメッ
セージを判断することは困難です。たとえば、「見つめる」行為は、「うなずき」や「手を
やさしく握る」という別の行為と一緒に生起することで愛情を伝えるでしょうし、「腕組
み」が「ため息」や「深く椅子に座る」などの行為と一緒に生起すれば、怒りや困惑を伝
えることになるでしょう。

　もちろん、どのような相手と、いつ、どのようなテーマで話しているのかなどの文脈も
無視できません。腕組みをしながら相手を見つめるといった上記の例も、教師が宿題を忘
れた生徒を前におこなう場合と、血液検査の深刻な結果を机に置いた医師が患者を前にし
ておこなう場合では、メッセージの内容が異なるからです。

　くわえて「非言語行為」と「非言語コミュニケーション」は、必ずしも同一の概念とは
いえません。前者は、厳密には私たちが意図的・非意図的におこなう言語以外のすべての
アクションをさし、それらはメッセージを伝えるシグナルにならないこともあります。一

---

1)　一方、コミュニケーションとしての言語を考えようとする近年の言語研究においては、非言語行為を含む文
　脈を無視できないと考えています。話し手が実際に利用する文章や言語表現を超えた発話理解を目指すために
　は、非言語的環境にも着目する必要があるからです。文脈にかかわる言語学の文献は膨大にあります。

方、後者は「何らかの意味を表象」し、（一般には誰かに向けた）メッセージを伝えます。たとえば、ある男性が無意識に自分の腕を2回ほどなでる場合は「非言語行為」、高校野球の監督が試合中に同じ動作を選手に向かって行えば「非言語コミュニケーション」といった具合です。ただし、無意識に2回なでる行為も受け手による意味づけ（たとえば、「寒いのかしら？」や「腕が痛むのではないか？」など）につながることがありますので、非言語行為と非言語コミュニケーションの線引きは明確とはいえません。

（1） 非言語コミュニケーションの特徴

　言語（母語）同様、私たちは非言語行為を日常のなかで自然に学んでいます。その学習は私たちが生まれ落ちた瞬間から始まっていると考えてよいでしょう。赤ちゃんは、両親の目や笑顔、接触、声のトーンなどの意味をすぐに理解できるようになります。その後も友だちや教師、そしてテレビやインターネット等のメディアから、ごく自然に所属する社会・文化の非言語行為のあり方とそれらを使ったメッセージの伝え方を学んでいくのです。

　非言語行為が言語行為と決定的に違うのは、「操作性」の幅でしょう[2]。私たちは、ことばによって本当の気持ちを伝えることも、嘘をつくこともできますが、非言語ではそうもいきません。不意をつかれた時、あなたは目の開き具合や発汗を調節できますか？　また、会いたくてたまらなかった人に会えた時、あなたは微笑みを抑えることができますか？　世話になった先輩や上司に会ったとき、会釈をせずにお別れの挨拶ができますか？

　一流の役者や詐欺師ならいざ知らず、驚きを隠そうと瞳孔の開き具合を調整したり、緊張による発汗を抑えたりすることのできる人は多くありません。また、日本人なら世話になった目上の人に会釈をしないで通り過ぎることができる人も珍しい。

　そしてなにより、私たちは、瞳孔の開き具合や汗、微笑みなどを通して相手の驚きや喜びを理解し、会釈や目線を確認することで、自分に対する相手の敬意を読み取っているということでしょう。ですから、「緊張などしていません」といいながら、額に汗がにじみ、声も手も震えているような人を目の前にした時、私たちが信用するのは「汗」と「震え」の方なのです。非言語行為によるメッセージの信憑性は、はるかに言語を上回っています。

　一方、コミュニケーションにおける非言語行為を体系化するのは難しく、それゆえ「文法書」のようなものもありません。先述したように、たいていの場合、複数の非言語行為が同

---

2) 「幅」としたのは、100%操作不可能ということではないからです。服装は目的に合わせて使い分けができますし、貧乏ゆすりや話すスピードなども訓練によって意識的に変えることができます。

時に生起していますし、個人的な違いはもとより、いつ・誰と・どのような状況下であった
かなどの文脈も考慮しなくてはなりませんから、パターンや規則性を見いだすのは至難の業
なのです。

　幼児虐待のニュースをテレビで見て、ある人は瞳孔が広がり、血の気がひいた青白い顔
でソファに座り込みながらチャンネルを変えるかもしれませんが、別の人は顔を紅潮させ、
舌打ちをして乱暴な態度で立ち上がるかもしれません。また、そのニュースが大学の授業
の一環として流されたものである場合、家の居間で一人で視聴した場合、街角に設置され
た大型スクリーンで見かけた場合では、それぞれ反応が異なることでしょう。くわえて、
個人的要因、たとえば幼い時にネグレクトを経験した人と深い愛情に包まれて育った人で
は異なる可能性があり、しかも、同じ刺激に対する異なる一連の動作は、いずれも「間違
いではない」のですからやっかいなことです。

　また、社会的少数派集団の構成員は主流派集団の構成員よりも非言語コミュニケーショ
ンを読み取る能力が高いと指摘されることがあります。簡単にいってしまえば、男性より
女性、異性愛者よりゲイやレズビアンの方が、非言語行為を通じた主流派の本心を探るこ
とが上手だということです。

　妻は夫に比べて相手の浮気をより敏感に察知しますし、同性愛者は異性愛者に比べて他
人の性的指向をより正確に判断できるといわれます。また、主流派が持つ非主流派集団へ
の差別的感情や侮蔑などは、それが無意識レベルのものであっても非言語行為を通じて気
づかれていることが多いものです。社会的パワーの小さな集団にとっては、そうした能力
が社会的上昇の手助けになったり、主流派からの搾取を未然に防いだり、最低限の生活を
確保しながら生き延びるための道具になっているからです。

（2）非言語コミュニケーションと文化

　非言語コミュニケーションと文化の深い関係を最初に示したのは、E.T. ホール（1970）
です。特に、空間が人びとの文化的相互作用を構造化するとして「接触性」を軸に社会を
特徴づけた研究や、時間理解の方法とコミュニケーションの関係についての論考は、異文
化コミュニケーション学に大きな影響を与えました。

　空間研究には、モノの置き方・構成の仕方などをはじめ、対人距離[3]、身体接触、表
情（含アイコンタクト）も含まれ、それらはいずれも文化的な行為です。たとえば、伝統

---

3)　人を除く哺乳類は、逃走距離（危険を感じて逃げ出す距離）と臨界距離（逃げ出すことできない場合、ある
　距離以下に追い詰められると攻撃に転じる距離）を持っています。一方、私たち人間はコミュニケーションの
　ための固体距離や社会的距離も発達させました。

文化のひとつである華道では、花ではなく「空間を生ける」[4]とさえいわれます。「花を盛る」西洋のフラワーアレンジメントと比較すると、空間に対する態度の違いは明らかです。また、1450年に創建された竜安寺の石庭（枯山水）[5]も、空間が最大限に利用された庭園として有名ですが、こうした庭造りは万国共通とはいえません。

　また、時折、メディアや英語テキストなどがおもしろ可笑しく取り上げることから、非言語行為はジェスチャー（身振り手振り）[6]と考えられがちです。異文化間のコミュニケーションにおいても、手を前後に振って「こっちに来て」を示す日本人の動作は、欧米人の「あっちに行って」、また、親指と人差し指を丸めてつくるサインは、多くの文化圏で「OK」を意味する一方、日本では文脈によって「お金」に変化したり、また、世界にはその同じサインが女性性器を意味して、相手を侮辱するときに使用する人びともいるといったことが紹介されたりしています。

　同じ動作に、まったく別の意味づけをする人びとが存在することを知るのは興味深いものですし、また、留学や旅行の前にタブー視される現地のジェスチャーをひと通り学んでおけば、役にも立つことでしょう。ただ、ジェスチャーは人間がおこなう非言語行為のほんの一部であることに留意が必要です。実のところ非言語行為の対象は、準言語（声の高低、アクセント、スピードなど）、対人距離、接触、表情、時間、外見などと幅広く、これら領域のおよそすべての要素が異文化コミュニケーションにおける誤解のもとになる可能性を秘めています。

　本節では、前述したホール（1970）の研究を中心に、対人距離、接触、表情など接触性にかかわる非言語領域と、時間をとりあげ、それぞれについて日本文化の視点を組み込みながら説明を試みます。

〈対人距離〉

　私たちは、ごく自然に双方が不愉快にならない位置に立ち、座ることができます。刑事が被告人との距離を縮めて大声で自白を迫る、といったテレビドラマのシーンは、対人距

---

4)　いけばな雪舟流では、「空間をいける」という表現が用いられ、空間芸術の側面を強く押し出しています。また、池坊も生け花は「引き算の美学」だとして、花を使って「豊かな空間」をつくるのだとしています。

5)　幅25m 奥行き10mの白砂の空間に大小15の石が置かれた日本庭園。

6)　Ekman, P. & Friesen, W.V. (1969) の研究が有名です。かれらは、身振り手振りを①両手でハートを作って愛情を示すような表象動作、②「こちら（あちら）です」と腕や指で示すような指示動作、③顔の表情などを使った感情表示、④目を合わせたり、うなずいたりすることで会話の流れを変えたりする調整動作、そして、⑤眠気覚ましのためにペンを指でクルクルまわしたり、貧乏ゆすりをするなどの行為に代表される適応動作の5つに分けて考えました。

離への侵略がもたらす心理効果を背景にしたものです。しかし、日本人が違和感を感じることなくコミュニケーション相手と過ごす「適度な」距離は、必ずしも他の文化圏の人びとにとっても自然な距離とはいえません。

　Sussman & Rosenfeld（1982）は留学生がアメリカ文化に適応する過程のなかで、自らの対人距離を変化させていることを示唆しました[7]。日本人留学生の場合は、英語で会話をする時の対人距離が、日本語で会話する場合よりも狭くなっていたと報告されています。アメリカ暮らしが長くなれば、英語の距離感（アメリカ人の距離感）を内化するからでしょう。

　対人距離がいかに文化的であるか、そして何より私たちの対人距離はどのようなものかを知ることは、違いによって生じる苛立ちや困惑を低減し、異文化適応や自国における良好な多文化関係の促進に役立ちます。

　西出（1985）はホールの研究を参考に、建築学や環境学の視点から、日本人の対人距離を以下に示す5つの距離カテゴリーに分けました。家族や地域住民のより良きコミュニケーションにつながる住居の設計やインフラ整備の検討に活用するために、日本人の対人距離を知ることは有益です。部屋の配置、集合住宅における玄関の向きや間隔、廊下の広さなどが対人距離を侵略するような場合は、そこに暮らす人びとをイライラさせたり、不安にさせてしまうこともあるからです。ここでは西出によって示された日本人の対人距離を、ホールが示したアメリカ人のものと比較しながら紹介していきます。

　なお、以下に示す日米の対人距離の大区分には、およそすべてのカテゴリーに近接相と遠方相という小区分が設けられていますが、小区分については必要と思われるものだけに絞って取りあげます。

1）　排他域（0 cm ～ 50cm）

　人と人のコミュニケーションにおいて最も近い距離のことです。「排他」という語句が示す通り、コミュニケーションをとる2人が第3者を寄せつけない距離です。これはホールが述べたアメリカ人の密接距離（0～18インチ：0～約46cm）に相当し、恋人同士や親子など特別に親しい関係にある人たちの距離です。逆にいえば、東京の渋谷やNYでおこなわれる大晦日のカウントダウンや、満員電車のような「悪条件」が整わない限り、人は身体が触れるような距離まで他人に近づくことはありません。

7）　日本人学生が日本語で話す時はより離れ、英語で話す時は接近すること、また、逆にもともと対人距離が近いとされるベネズエラ人は母語（スペイン語）では接近するが、英語では離れて座ることを発見しました。アメリカで暮らす留学生の対人距離には、アメリカ文化の規範が反映されたと推論されています。

2) 会話域（近接相：50 cm ～ 80cm ／遠方相：80cm ～ 1.5m)

　親しい友だち同士などのカジュアルな会話にみられる距離は 50 ～ 80cm、フォーマルな会話になると 80cm ～ 1.5m 程度離れるとされました。個人によっては、50cm や 1.5mでは近すぎたり、離れすぎたりする感覚を持つ場合もありますが、このあたりまでは、ごく一般的関係にある人たちの間で自然に会話が発生する距離といえますし、また、逆に話をしないままこの距離を維持するのは困難ともいえるでしょう。

　会話域は、ホールの固体距離（18 インチ～ 4 フィート：約 46 cm ～ 1.3m）に相当しますから、日本人が会話をする距離はアメリカ人と比べ、やや広いことがわかります。これは日常生活における会話で利用される距離なので、日本人にとってアメリカ人は、やや近すぎて落ち着かなくなることもある相手、逆にアメリカ人にとって日本人は、やや遠すぎて親近感を持つのに時間がかかる相手なのかもしれません。こうしたことが円滑な異文化間のコミュニケーションを目指す上で、対人距離への文化的理解が重要とされる理由です。

　カリブ海周辺や中東を調査した人類学者たちによれば、これら地域の会話域（近接相）は一般に狭く、20cm ～ 30cm 台の場合もあったとの報告があります。近づく理由のひとつとしてあげられるのが身体の発する「におい」でした。動物は狙った獲物が発する「恐怖臭」を嗅ぎつけ、襲い掛かることが明らかになっていますが、身体の発するにおいによって、コミュニケーション相手の心身の状態を理解する人びとがいても不思議ではありません。医師のなかには体臭や口臭から健康状態を判断できる人もいることでしょう。文化的に対人距離の狭い人びとは、相手の発する様々なにおいが対人コミュニケーションにおける相手の評価や判断の手がかりになっているといえるのです。

3) 空間共有域（1.5m ～ 3m)

　同じ場所にいてもこれだけ離れていると、見知らぬ相手ですら、しばらくの間は相手の存在が気にならない距離です。ただ、「話したい」と思えばそれも可能な距離なので、文脈によっては会話をスタートさせることもできます。少し離れていても、「すみませ～ん。おサイフ、落としましたよ」「ドア近くの方、電気つけてもらえますか」などと、少しだけ声量をあげて話しかけることができるということです。

　佐藤（1995）の実験では、日本人は 3.3m まで近づかれると、相手を回避するための行動（立ち止まる、よけるなど）を開始する傾向にあることがわかりました。人気グループのライブ会場や、有名タピオカ店などの列にならぶような必然性がない限り、3m ～ 3.3mあたりが、いわば日本人の「臨界距離」なのかもしれません。

　一方、ホールは、この距離を社会的距離（4フィート〜12フィート：約1.3m〜約2.1m／約2.1m〜約3.7m）と呼んだ上で、2つのカテゴリーに分けています。近接相は約1.3m〜約2.1mで、たとえば、企業の社長とインターン学生、入部した体育会系組織の4年生と1年生の部員など、フォーマルな状況で社会的関係にある相手との距離です。関係性はあるが、それほど親しくはなく、また社会的パワーが介在することの多いこの距離は、離れすぎず、近すぎもせずといったところでしょうか。この程度の距離ですと入りくんだ複雑な話もできます。また、遠方相は約2.1m〜約3.7mで、簡単な挨拶を交わすなど、形式的な会話に利用される距離とされています。

卒業記念パーティの一場面
フォーマルな場での社会的な関係
がよく表れている距離です。

4）相互認識域（3m〜20m）

　一般に、相手を視覚でとらえることができる程度の距離のことです。近接相として示されたのが3m〜7mで、この範囲で互いに存在を認めた場合は、相手を無視して通り過ぎることに少しばかり困難を覚えます。7mは少し遠いといった印象もありますが、それでも相手の顔や表情が認識できる距離ですから、互いに相手が知人であることがわかれば、会釈などの形式的な挨拶程度はすることでしょう。親しい間柄の相手であれば、いっきに会話域まで近づく可能性もあるはずです。

　一方、遠方相は7m〜20mの範囲であり、相手が別の方向を向いているような場合は、気がつかなかったふりをしてやり過ごすことができる距離です。これだけ離れていると、後輩は先輩に挨拶することなく電車に乗ることができることでしょう。むろん、先輩が気づいていたり、どうしても挨拶したい親しい相手であったような場合は、近接相と同様にそれも可能です。この距離は、ホールの公衆距離（〈近接相〉12フィート〜25フィート：約3.7m〜約7.6m、〈遠方相〉30フィート以上：約9.1m以上）に近い考え方といえるでしょう。

5) 識別域（20m～50m）

　最後は識別域です。これだけ距離があると、目を凝らしてようやく相手が誰かわかる程度ですから、視力が悪い、出会った場所が薄暗いカフェだったなど、環境によっては相手がはっきり見えない場合もあるでしょう。この距離は、相手と関わりあう義務や必要を感じさせません。ずっと探していた人物をどこかで見かけたような場合は別ですが、たいていは「あそこにいる人は、○×さんに似てるかな？」程度ですませてしまいます。

ちょっと一言

　1992年にアメリカ留学中の日本人高校生が地域の住民に射殺されるという痛ましい事件が起こりました。ハロウィーンの日、訪問するはずだった家を間違え、ガンマニアで狩猟好き、しかも、事件当日は酒に酔っていたというアメリカ人男性、ロドニー・ピアーズの家の敷地内に入り、銃殺されてしまったのです。2人の距離はおよそ1.9メートルから2.5メートル程度だったと報告されています。容疑者は「正当防衛」を主張し、刑事裁判では無罪となりました（12人の陪審員全員一致）。
　アメリカ人が銃を所持する最大の理由は自己防衛ですが、防御心の強い人は見知らぬ相手との距離を広く維持しようとするものです。実際、アメリカの囚人は一般人の3.8倍もの固体距離をとるとする報告もあるくらいです。ガンマニアだったピアーズの防御心は強かった可能性が高く、また、それが彼の対人距離を広くしていた可能性もあります。事件の直接的理由として報道されたことの一部には、銃撃前にピアーズが発したという「Freeze（動くな）！」という表現を被害者が理解できていなかったらしいこと、日米の銃保持に対する認識の違いなどもあるとされました。こうした分析に異議を唱えるつもりはありません。しかし、ホールの対人距離モデルから類推できるのは、1.9メートルから2.5メートルは「知り合いが会話する距離の範囲内」であり、普段から狩猟などを好む男性で、しかも酒に酔っているような場合は、被害者との距離そのものがピアーズに恐怖心や脅威を与えた可能性があると考えることもできます。

〈接　触〉

　「触り」「触られる」ことは、人間関係の構築と維持に多大な影響を与えています[8]。接触は、人が生きていくうえで欠かせない非言語行為なのです。そもそも人はこの世に生を受けた瞬間から、抱かれ、撫でられることで他者とのコミュニケーションを始めます。一

---

8) ここでは、特定の場面における機能的接触、たとえば医師が診察で患者に触る、整体師がマッサージする、介護施設の職員が高齢者のケアを行うために触るなどの接触行為とは区別して考えています。

方、「いつ」「誰の」「どこを」「どの程度」触るかなどは、文化（含ジェンダー、社会的勢力）によって異なります。子どもたちは所属する文化ルールに合うように、「触り方」や「触られ方」を学んでいるのです。

　日本では、成人した子どもが両親に抱きついたり、頬ずりやキスをすることは滅多にありませんし、親子で肩を組むなどというカジュアルな行為ですら多いとはいえませんが、逆に、そうしないことを不自然に思う人びとが世界には大勢います。接触度合の高い文化圏で育った人たちがそうでない人たちを「冷たい」、逆の場合は「気持ち悪い」と感じてしまうことがあるのは、こうした接触文化の違いからです。

　数年前、オーストラリアで留学生活を始めたばかりの学生から接触に関わる相談メールが受けたことがあります。彼女の了解を得て、そのメッセージを紹介しましょう。

> 　先週ホストファーザーが休暇でヨーロッパに旅行に出かけたのですが、家を出る時にハグとキスをされました。家族と思って挨拶をしたつもりだったと思うのですが、わたしには受け入れられませんでした。相手は祖父と同じくらいの年齢の人なのですが、私はすごく嫌な気持ちになりました。こちらでは家族でも頻繁にハグをしてキスをするというのはわかっていましたし、見ている時はなんとも思いませんでしたが、今は、ダメです。ホストファーザーが帰ってきたら、また、同じことをされるかもしれないと思うと、この家を出たい気持ちになっています。

　キスやハグは、海外事情を紹介する昨今のバラエティ番組や、ドラマなどでも頻繁にみられる光景となりました。この学生も他人がそうした挨拶行為をしているのを見るのは「なんとも思わなかった」と述べています。知識という意味では異文化を理解していたからです。しかし、実際に自分がホストファーザーに抱かれ、キスをされた時に「心」が反応しました。

　接触行為に関わるこうした文化差は、時間の経過とともに慣れていくものですが、文化差が激しい場合や生育環境・性格など、条件によっては関係初期段階の不安や嫌悪感を煽ることになり、軽視できません（ちなみに上記の学生はホストマザーに相談し、その後、ホストファーザーはキスやハグをやめ、かわりに握手をするようになったそうです）。

　接触程度の違いは異文化と比較されながら、最も高い地点から最も低い地点までの間に位置づけることが可能です。ある社会・文化は別の社会・文化に比べて接触の程度が「より高い（あるいは低い）」といった考え方です。たとえばアメリカ人は、イタリア人との比較ではより低い位置に置かれますが、日本人との比較では高くなるといったようなことです。

　大ざっぱではあるものの、アジア、北ヨーロッパ、北米に位置する国々の人びとは、南地中海、アラブ、東ヨーロッパの人びとに比べて接触度合が低い文化圏とされ、前者のグ

ループを「ロータッチ文化」、後者を「ハイタッチ文化」と呼ぶ研究者もいます。

　むろん、そこにも濃淡があり、たとえば、ロータッチ文化圏である日本人の身体接触は
アメリカ人のおよそ半分に過ぎず、また、同じ東アジアに位置しながらも日本人と韓国人
では、韓国人のほうがより多く触り、その範囲も広いとされています。中国と北朝鮮の男
性政治家が軽く抱き合って両方の頬（ほほ）にキスをする映像や、モンゴル出身の力士が気軽に自
分の両親の頬にキスをしている姿を目にしたことのある読者もいることでしょう。日本人
は、文化の共有度が高いと考えられるアジア諸国の中でも、特に「触らない」人びとであ
るようです。また、ハイタッチ文化圏で育つ人びとは、一般に対人距離が狭く、逆に非接
触文化圏で育つ日本人のような人びとは、相手の身体に触れない距離で立ち（座り）、そ
の距離を維持しながら会話をする傾向があるようです。

　前述のように、接触はことばにできない深い感情や激しい思いの表現であるとともに、
時には自らの権力を示したり、服従を要求したりするためにも利用されます。やり方が異
なれば人びとが戸惑うのは自然なことでしょう。しかも、その気になれば嘘や適当な大義
名分を揚げて事実と異なる報告ができる言語コミュニケーションと違い、触るという行為
はごく自然に、また、無意識のうちにおこなわれることが多いため、なおさら注意が必要
なのです。異文化間のコミュニケーションにおいて不要な勘違いや誤解を避けたいなら、
この接触という行為が文化的であることを理解して、違いに対する冷静な対応が必要で
す。

〈表情・アイコンタクト〉

　表情やアイコンタクトなど、「顔」という身体部分を利用した非言語行為の文化差につ
いて知ることも重要です。人間の相互作用において、指先や腕や足を見ないことはあって
も、顔を見ないことはありえないからです。また、感情は顔に表れることが多く、それは
コミュニケーション相手の心の状態や考えを理解するための重要な手がかりとなっていま
す。

　国際的な異文化コミュニケーションにおいて留意すべきは、日本人が一般に表情を抑制
する傾向にあるということでしょう。日本人の感情を解読するのは困難だとする研究報告
は少なくありません。親しい友だちと一緒ならまだしも、日本では目上の人や他人の前で、
怒りや悲しみ、爆発的な喜びや幸福感を顔に出すようなことは好まれません。身体の動き
も控えめです。抑制された感情表出は、たとえば緊急性の高い大事な仕事を軽くみられる
といった誤解につながることもあるようです。

　日本人は、感情を天真爛漫に表出することに対して長い間否定的でした。「武士は三年

に片頬」という格言もあったくらいです。サムライたる者、笑うのは三年に一度、どちらか片方の頬を少し動かす程度で十分だ、という意味です。むろん、実際にそうだとういうことではなく、これは威厳を保つための 戒 めです。

　後に「武士」の部分は「男」となりましたが、少なくとも昭和の時代までは、男性のみならず女性も他人の前で笑顔をつくったり、天真爛漫に笑うことに抵抗がありました。当然ながら大きな口をあけて笑うなどもってのほか、という時代も長く続きました。日本では、感情を表に出すことは「はしたない」行為と考えられてきたからです。

　井上（1991）は、明治時代の日本人の表情抑制について書かれたドイツ人やイギリス人による記録を紹介しています。いわく「日本人は激情によって表情を変えることはない」「この国のごく上流の人びとは、最も無表情な顔を装い、くぐもった静かな声を好んで用います。音声の変化とか豊かな表情といった、私たちがたいへん魅力に感じることがらは、日本では、下層階級にのみふさわしい[9] ものとして、非難されるのです」などです。

　上流階級の仕草や立ち居振る舞いは、条件がそろえば徐々に一般庶民に浸透していくものです。日本社会における明治以降の著しい産業化、外国文化の流入、マス・メディアの発達、そして昭和の高度経済成長による「1億総中流化」を経て、日本人の多くは上流階級の感情抑制と、それにともなう表情表出の在り方を、現代風にアレンジしながら身につけていったのではないでしょうか。

　日本に文化として根づいた表情や感情の抑制は、大人としての「自己主張」ともいえるものです。子どもは感情を抑制できません。他人に迷惑などかけることはお構いなしで、天真爛漫に感情を吐露できるのは小さな子どもだけの特権です。大人が激しく感情を表出すれば相手に余計な心配をかけたり、勘ぐられたりする可能性もあるでしょう。感情が表情にあらわれることを抑制するという日本人の行為は、自らが成熟した大人であることの 証 なのです。

　表情の一部である視線やアイコンタクトはどうでしょう。日本では、会議がある程度の大きさになり、しかも資料などが配布されている場合は、顔をあげて発話者の話を聞いている人は少数派です。アイコンタクトがある場合は、往々にして聞き手が批判的見解を披歴するような時で、それ以外は、皆、配布された書類を見ながら発話者の話を聞いていま

---

9)　下層階級の感情表出については、戦国時代の日本を活写したルイス・フロイスの記録が参考になります。川崎（2012）によれば、フロイスは「伴天連」を初めて見た一般庶民が「ある者は指を眼の中にほとんど入れんばかりにしたり、ある者は手をたたき大笑いをしながら頭を振り、別の者は彼を見てその形相に驚き、彼のぐるりを廻っては後ろから、また前から観察した（p.51）」と書いています。上流階級と庶民の間には、感情や表情の表し方に大きな違いのあったことがうかがわれる記述です。

す。時折、発表者に視線を投げかける人もいますが、その時間は短く、また、視線そのものも穏やかです。

　多くの日本人が安心して自分の心のうちを吐露できるのは、ベンチや長椅子のように並んで座れるような場所でしょう。横に並んで座ると、相手の目線を気にする必要がありません。星、花、海など2人が共有できる「花鳥風月」を目の前にしてサイド・バイ・サイドに座れば、重大な話もしやすくなるというものです。

　一方、諸外国の人びとはもっと頻繁にアイコンタクトを交わし合いますし、視線にもある種の強さを感じます。長年、JICA（国際協力機構）で海外研修員のオリエンテーションにかかわった筆者の経験からすると、アラブ諸国、特にエジプト人の視線は強烈でした。配布資料を見るようにうながされる時以外は、目をそらすことなく1時間でも2時間でもこちらを見つめ続けているのですから、慣れるのに時間がかかりました。

　余談となりますが、パワーポイントというソフトはおそらく他のどの国の人より、日本人に力を与えたのかもしれません。聞き手の目線の大部分がスクリーンに向きますし、話し手自身も聴衆に視線を送る必要や頻度が少なくなるからです。

茶の湯にみるアイコンタクトのプロトタイプ

　上記のような視線文化は、茶の湯にその原型があると、筆者は考えています。茶道は、千利休が戦国乱世という時代の影響を受けて創りあげたひとつの芸術であり、また、儀式でもありましたが、数百年の時を経てなお、多くの人びとに愛され、また、実践されていることを考えると、茶の湯には日本人の対人コミュニケーションに関わる強い美意識が反映されているといえましょう。

　茶事の中で最も重要とされる濃茶[10]の場面では、亭主（ホスト）と客（ゲスト）、また、客同士が目を合わせることはありません。茶の湯における一連の行為は、一期一会の精神にもとづく最上のもてなしを目指したものとされますが、そこにあるのは、最小限に切り詰められた言語量とアイコンタクト、いわば「沈黙」（間）が支配する不思議な「会話」です。こうした「茶の湯的もてなし」は、世界的に珍しいのではないでしょうか。

　一般に飲食をともなうもてなしには、頻繁なアイコンタクトのやり取りと笑顔、ことばのキャッチボールが付随します。亭主によって厳選された茶道具や室内装飾、そして最上の菓子と心をこめて練られた茶を目の前にして、アイコンタクトやことばのやりとりを最小限に留めるといった行為は、少なくとも筆者が公・非公式にもてなしを受けたことのあ

---

10)　茶事における最も大切なおもてなしといわれ、一つの椀で主客から順に濃いお茶をまわし飲むこと。

るメキシコ、アメリカ、カナダ、スイス、オーストラリア、モンゴル、中国、台湾、バングラデシュ、インドネシアなどでは見ることができません。

　「眼をつける」は、日本におけるアイコンタクトのルールを裏側から照射した表現です。かつて、北海道小樽市では「目があった」というだけの理由で、通りすがりの人を追いかけて建物に放火した男が逮捕されたこともありました（北海道新聞 1998.9.7　朝刊、「『目があった』と立腹　工場に放火の男逮捕」）。他人をあからさまに見据えることは、礼儀にはずれた行為であって、場合によってはケンカを売るサインにもなるのです[11]。

　エレベーターや電車など不特定多数が往き来する公共の場所では、なんと多くの日本人が、目を伏せスマホを操作していることでしょう。スマホが登場する前も、人びとは目を閉じたり（寝たり）、本や新聞を読んだりして、できるだけ他人と目を合わせずにすむように工夫したものです。

　今では、日常生活のなかで他人と目を合わせる行為を、ケンカのサインと考える人はそれほど多くありません。むしろ仕事場で「目合わせ一礼」などを指導されたり、学校や家庭では「人の話を聞く時は、先生（お母さん）の目を見なさい」などと教えられたりするくらいです。しかし、ある学生は教師の目を見ながら「すみません」と謝ったばかりに、「反省してない！」と逆上され、別の学生はバイト先でお客さんと目を合わせると客は照れるか、不愛想な怒ったような顔で無視するのでやりにくいといいます。筆者もアメリカから帰国したばかりのころは、学内ですれ違う学生たちの多くにアイコンタクトを送っていましたが、学生がこちらを見ることはなく、毎日「肩透かし」をくらったような気分になりました。日本では抑制的なアイコンタクト文化が、依然、強く残っているのです。

　一方、多文化・多民族社会では、親しさの度合いにかかわらず他人の目をみることが多くなります。エレベーター、電車やバス、廊下などで、見知らぬ人と目が合うことはしょっちゅうですし、そうした時は互いに微笑むこともあります。アイコンタクトに不慣れな日本人は、相手のそうした態度を「人懐っこさ」や「親しさの表現」と誤解して、勝手な好印象を持つ場合もあるようですが、実際のところ、他者と微笑みあう行為は、むしろ相手に対して敵意のないことを示すための工夫といえましょう。表情から相手の考えや感情を推し量ることは、危険回避のための有効な手段となっているからです。単にすれ違うア

---

11)　アイコンタクトをテーマに、渥美清主演の「男はつらいよ」という映画を分析した大島（『2004 年度 文化総合学科卒業論文要旨集』優秀論文、非売品）は、主人公の寅さんが 2 秒以上、会話相手を見つめていたのはケンカの場面に限られ、しかも最長でも 3 秒と報告しています。また、テーマが似通っているとして比較対象に選定したイギリス映画「About a Boy」においては、主人公と会話相手が 2 秒以上見つめ合うシーンはケンカを含む様々な場面で利用されていたこと、また、時間も最長で 9 秒と報告しました。

カの他人とは会話をしませんから、相手が自分に危害を加える可能性を判断するためには、表情、特に目が放つ情報に頼らざるをえないのです。

〈時　間〉

　次は時間にかかわる文化的考え方や態度です。時間は非言語行為の一領域とされ、しかもそれは異文化コミュニケーションの成立と維持を左右する重要な要素と考えられてきました。日本人同士でも「ちょっとした」遅刻が口論や仲たがいを引き起こすことがあるくらいですから、他にも多くのコミュニケーション課題を抱える異文化間のコミュニケーションでは、人びとの時間感覚に対する理解がますます大事なのです。

MタイムとPタイム

　ホール（1983）は時間に対する文化的な理解と態度について、2つの概念を用いて説明を試みました。モノクロニックな時間（monochronic time）とポリクロニックな時間（polychronic time）です。

　英語表記にみられる接頭語‘mono’は「単一の」、‘poly’は「複数の」という意味です。つまり、モノクロニックな時間（以下、Mタイム）とは「ひとつの時間枠に、原則ひとつの活動」を割り当てる態度、また、ポリクロニックな時間（以下、Pタイム）とは「ひとつの時間枠に複数の活動」が割り当てられることを可とする態度のことをさしています。

　Pタイム優勢の社会で文化化された人びとは、Mタイムで育った人びとの行為を人間味がなく「冷たい」と考えがちですし、逆にMタイムの人びとはPタイムで動く人びとを「時間にルーズ」「いい加減」などと評価してしまいがちです。たとえば、国立民族学博物館のHP上で三島は「イスラーム世界の人と仕事をした経験を持つ日本人は、ムスリムは怠け者で約束も時間も守らないと嘆くことが多い」と述べています。時間の研究が異文化コミュニケーション学で重要とされる理由のひとつといえましょう。

　時間を個別の活動ごとに区切って生活するのが好ましいと考えるMタイムの人びとは、「時間割」をつくり、スケジュールにそって動きたがります。それが最も効率的な暮らし方と信じられているからです。たとえばMタイムの価値観を持つとされるアメリカでは、ごく小さな医療クリニックでも予約なしの診療をおこなうところは珍しいですし、大学でも教員の指導を受けるためには、設定されたオフィスアワーの時間内での予約が必要です。多様な情報に囲まれ、忙しさも増している現代のMタイム社会においては、こうした傾向が高まることはあっても、その逆はありません。

　一方、世界には時間割や予定表に副次的な意味しか持たせない人びとが、数多く存在します。大金や大切な友人を失うなど、大きな損失が予想されなければ、あらかじめ設定されたスケジュールや他者との約束は「目安」と考えられているのです。そうした態度を可能とする考え方のなかには、たとえばムスリムのように宗教的価値観が柱となった場合もあるようです。前述の三島は、ムスリムにとっては労働も「宗教的生活の手段」に過ぎず、神との契約を履行するためなら他者との約束事や契約は二の次になることがあると述べています。急きょ予定外の案件が生じたとしても、それが「神の思し召し」であれば、そちらを優先させる、あるいは同時進行させることができるというわけです。当然ながら、「遅刻」に対する人びとの許容度もかなり高くなります。

　また、Ｐタイム感覚で生きることを好む人びとは、目的達成のために一人で頑張るより、人と交わりながら、ゆったりとものごとを進めていくことを好むとされています。状況にもよりますが、大切な人への義理を欠くくらいなら、むしろ遅刻したり、予定をキャンセルしたり、日程を変更したりするほうがよいと考えられているのです。

　そもそも人間は有史以来、Ｐタイム感覚で生きてきました。Ｍタイムが登場したのは産業革命の時期とされます。つまり、Ｍタイムは工業化による社会の変化がもたらした新たな時間感覚といえましょう。産業革命以前の人びとは、農業や畜産を中心とした生活をしていましたから、誰かに仕事時間を決められることもなく、また、細かく区切られた時間割などは必要なかったのです。時間管理は大まかで、自然の流れに沿ったものでした。

　その証拠といっては大袈裟かもしれませんが、現在Ｍタイムとされる文化圏の人びとも、多くの場面でＰタイム的な動きをします。北米や北ヨーロッパ諸国は概してＭタイム文化圏といわれ、人びとは時間割に沿った動きができるよう文化化されていますが、こうした国々に住んだことのある日本人のなかには、直感的に「そうなの？」と疑問を持つ人もいることでしょう。公共の乗り物の発着時間、待ち合わせ時間、約束、いずれも日本人と比較すると相当にゆるやかであることが多いからです。

　アメリカ、カナダ、オーストラリアなどに留学経験を持つ筆者の学生たちは、時おり、現地の人たちがいかに時間に「ルーズ」であるかを訴えます。「ホストファーザーのお迎えが30分以上遅れることはしょっちゅうで、最初の頃はあせった」のようなコメントは典型的で、欧米圏の人びとの暮らしぶりが、むしろゆったりしていることを示唆します。また、スマートフォンの普及は、良くも悪くもＭタイムの人びとをさらにＰタイム化しています。食事をしながら、友だちと話しながら、電話をしながら、人びとはLINEメッセージを送り、インターネットで情報の検索をするようになりました。

　現代社会に生きる人びとの生活が完全なＭタイム、あるいはＰタイム感覚で営まれる

ことはありません。人工知能によってコントロールされるロボットでもない限り、それは不可能というものです。実質的には、どちらかの時間感覚を選好しつつ、むしろ柔軟に時間と向き合っているといったところでしょう。

日本人の時間感覚：PタイムとMタイムの融合

　日本人の時間管理はPタイム的でしょうか、それともMタイム？

　結論を先に述べてしまいますと、日本人はMタイムを効果的に生活のなかに取り入れながらも、伝統的なPタイムをかなりの程度残している「珍しい」国民といわれます。

　多くの社会がそうであったように、日本もまた長い間Pタイムが支配的でした。1920年（大正9年）になると、日本は世界でも珍しい「時の記念日」（6月10日）を制定していますが、その理由のひとつは、当時のおおざっぱな日本人の時間感覚を欧米諸国並みに改良して、生活の合理化を図ろうとしたことです。

　近年、世界遺産となったことで注目度が増した富岡製紙工場は、近代化が始まる明治初期に創設されましたが、女工たちを時間通りに出勤させてスケジュール通りに工場を操業する習慣をつくるまでに10～15年かかっています（真木、2003）。今では考えにくいことですが、女工たちは「仕事中に仲間と話をしない」という、今となっては日本人にとってごく当たり前の規則に馴染むことができず、逆にそうした規則を遵守するよう要求してくる外国人監督を「いばっている」としか理解しなかったと指摘されています。

　また、日本におけるPタイムの名残りとしては、たとえば、上司の机が部署全体を見渡せる位置にある「役場式」の職場空間をあげることもできます。実は、この配置は上に立つ者が一度に様々なことを確認し、対応できる形なのです。自分の机に向かってペーパーワークをこなしながら、新入社員の部下による電話応対を何気なく観察し、別の社員には必要な書類のコピーをするように指示をするなど、一人で、実に様々なことに対応しています。むろん、役職を持たない一般スタッフも同様でしょう。自分の仕事をこなしながら、先輩や上司の動きを観察したり、時に同僚の仕事を手伝ったりしています。

　個人経営の小さな歯科クリニックはどうでしょう。日本では仕切りのない空間に診療台を複数置き、一人の医師が3人程度の患者の治療を同時におこなうところが少なくありません。こうした配置は医師がひとつの時間枠に複数の活動をすることを可能にしているのです。今では、治療台と治療台の間にパーテーションを設置するなどして、半プライベート化しているところも多いようですが、つい最近までは、ある患者の歯の治療をしながら、別の患者の対応をしているアシスタント（歯科衛生士）に指示を出したり、質問に答えたりしていましたし、診療を終えて診察室を出ていく患者さんに「お大事に！」と声が

けをすることさえありました。

　一方、これは大変興味深いことですが、日本人は強い M タイム感覚も持ち合わせています。人びとは時間に追われた忙しい生活のなかで、なるべく時間を浪費しないように気をつけています。バスや電車の運行の正確さは世界一です。また、年末になると子どもたちまでもが翌年の手帳を買い求め、時間割をつくりたがります。時間は人間が所有できる資源のひとつだと考えられているのです。昭和 40 年代には、日本人の腕時計所有率は 97％だったという記録もあるくらいですから、先に述べた時の記念日制定をはじめとする時間意識の改革は大きな成功を収めたといえましょう。

　今では、日本人のストイックなまでの M タイム感覚が、時おり世界を驚かせるまでになりました。たとえば、死者 107 名、負傷者も 500 名を超える大参事となった 2005 年の JR 福知山線脱線事故では、駅での停車位置を繰り返し間違えるなどして生じた 1 分 30 秒という時間の遅れを運転士が気にした結果であると報じられ[12]、世界の人びとを唖然とさせました。また、2019 年 5 月には、新聞各社・テレビ等で横浜市の 8 割を超える中学校の給食時間は 15 分と報道され、問題視されています。実は短い給食時間はこれまでも多くの学校にあった「習慣」です。この報道があった 15 年以上前にも北海道のある中学校で、タイマーを使って給食時間をきっちり 12 分とすることを決め、論議を巻き起こしたこともあるくらいです（北海道新聞　2005.5.2　朝刊、「食事時間 12 分『管理し過ぎ』」）。

　日本人がこれほどに厳しく M タイム的な態度をとるようになったのは、M タイムを「スキル＝技術」として身につけたからとされています。文化の多くは「知らないうちに」長い時間をかけてゆるやかに醸成されていくものですが、日本人は明治以降、短いタイムスパンのなかで戦略的に多くの西洋型システムを取り入れてきました。西洋に「追いつき、追い越す」ために、時間感覚は意識的に学ぶ対象となったのです。

　コンピューターやバイオテクノロジーといった科学技術同様、「スキル」であればこそ、日本人はより高いレベルを目指して限界を試すことができたのでしょう。M タイム文化を持つとされる北米や北ヨーロッパ諸国では、その時間感覚こそが人びとの営みを可能にする秩序であるために、生活が息苦しくなるほど厳しく行動が規制されることはありませんでした。かれらの M タイム感覚はむしろ柔軟です。バスや列車の発着時間の遅れなど、特定の場面においては、日本人よりもずっと「時間にルーズ」なのはそのためなのです。

　全体で 800 万近くの人口を持つベイエリアの中心都市サンフランシスコでも、バスの遅れは日常茶飯事ですが、誰もそのようなことを気にする様子がありません。バス停で待っ

---

12)　JR 西日本はライバルの私鉄各社との競争に打ち勝つためダイヤの乱れに対する乗客の苦情を過度に意識し、従業員を追い詰めるような教育がなされていたとの報道もありました。

ていた乗客の質問に3分以上かけて道案内をする「親切な」ドライバーもいれば、本来停車位置ではないところでバスを停め同業者とちょっぴりおしゃべりをするドライバーを見かけることも珍しくないのです。その代わり、バスの動きは、バス停ごとにいつでもインターネットで確認できるようなサービスを提供していますから、利用者は時間ギリギリまで自宅で待機できます。

日本では習得すべきスキルとして取り入れられたMタイムでしたが、長い年月にわたる実践は、日本人の価値観に大きな影響を与え、独自の時間文化として定着しています。レヴィーン（2002）によれば、MタイムとPタイムを融合させた日本人の時間は、世界各国がモデルとすべきものだそうです。

グローバル化の波が世界の隅々までおよぶ昨今、人びとはMタイムの実践を無視して経済的な成功を得ることができなくなりました。これまでPタイム文化を持つとされた国々の人びとも、（少なくとも）経済生活においてはMタイムを実践しています。そうした意味では、先進国を目指して日本がおこなったMタイムの「政策的」導入が一つのロールモデルになるかもしれません。

一方、最近では先進諸国を中心に、Mタイム生活への抵抗ともいえる世界的な動きが見られることにも留意が必要でしょう。ワークライフバランスやスローライフといった考え方は、多くの「無駄」が生じていた経済成長期前のライフスタイルに対する郷愁であるとともに、MタイムとPタイムの共存を図るための模索ともいえるからです。経済的競争力への高い期待を満足させつつ、深まりと余裕のある人間関係を維持していくために、なにができるでしょうか。時間との向き合い方が問われています。

引用文献・URL

井上章一（1991）『美人論』リブロポート。

川崎桃太（2012）『続・フロイスの見た戦国日本』中央公論新社。

佐藤綾子（1995）『自分をどう表現するか：パフォーマンス学入門』講談社。

西出和彦（1985）「人と人との間の距離　人間の心理・生態からの建築計画（1）」『建築と実務』5、95-99。

真木悠介（2003）『時間の比較社会学』岩波書店。

ホール、E.T.（1970）日高敏隆・佐藤信行訳『かくれた次元』みすず書房。

ホール、E.T.（1983）宇波 彰訳『文化としての時間』TBSブリタニカ。

レヴィーン、R.（2002）忠平美幸訳『あなたはどれだけ待てますか：せっかち文化とのんびり文化の徹底比較』草思社。

Ekman, P. & Friesen, W.V. (1969). The repertoire of nonverbal behavior: Categories, origins, usage, and coding. *Semiotica*, *1*, 49-98.

Sussman, N.A. & Rosenfeld, H.M. (1982). Influence of culture, language, and sex on conversational distance. *Journal of Personality and Psychology*, *42*, 66-74.

いけばな雪舟流「いけばな雪舟流とは」http://sessyu-ryu.com/about/philosophy.html　アクセス日　2019年5月

26 日。

池坊「はじめてのいけばな Q & A」https://www.ikenobo.jp/hajimete/qa_ikebana.html　アクセス日　2019 年 5 月 26 日。

三島禎子　国立民族博物館「異文化を学ぶ　労働と宗教 (6) ―イスラーム的働き方」http://www.minpaku. ac.jp/museum/showcase/media/ibunka/156　アクセス日　2019 年 9 月 20 日（毎日新聞夕刊 2008.5.7 にも掲載 されている）。

第５章　日本人のコミュニケーション

学生の声　英語のライティングの授業では、いつも「書いてることがあいまい。この文章の主語は？ここは the じゃなくて my ！」などと、注意されます。主語がなかったら、いつでもあいまいなんですか？　それに、the だって my だって通じるんじゃないですか！　って叫びたくなります（笑）。

1　アクティビティ・セッション

① 日本人のコミュニケーションスタイルは？
　(a) 直線的　　(b) うずまき型　　(c) 逡巡迷走型　　(d) 寄り道型
② アメリカ人のコミュニケーションスタイルは？
　(a) 直線的　　(b) うずまき型　　(c) 逡巡迷走型　　(d) 寄り道型

ワークショップ　＃１

以下の記事を読み、論点を引き出そう！

北　海　道　新　聞　　　2003年（平成15年）2月27日（木曜日）

自然の中で見た
し烈な生存競争

専門学校講師
高橋紀年男
（札幌市西区・62歳）

突然、窓ガラスにシメが衝突して木立の中に飛び去った。そして、そこらじゅうの小鳥たちが一斉に姿を消した。

双眼鏡で見ると、鋭い黄金色の眼光で辺りをへいげいしていた。ここは札幌の西方、三角山を見上げる西野緑道、松に覆われた街路樹の中にじっとしている。よく見ると、近くの木にはコジュウカラ、少し離れた木にはナカゲラが微動もせずにいた。

ハイタカからの距離およそ七、八㍍、じっとすることのない小鳥たちが、危険を察知した瞬間、フリーズしてしまった。ゴジュウカラはハイタカの規界に入っているはずだが、頭を下げたままであり、ハイタカの動きは分からないだろう。初めて見る自然界のし烈な営みに感嘆した。

私が五歳の時、樺太の山中を逃げまどっていて、日ソ連の爆撃機が近くに来るたびに、私はこの小鳥たちと同じ格好をしたのではなかったか。小半時後、窓外は元のせわしなさを取り戻したが、時節柄、複雑な思いに眠られている。

参考：記事が書かれた時期の社会的背景

2003年2月〜3月にアメリカはイラクが大量破壊兵器を持つと断定し、開戦も辞さない構えを見せ

ました。2 月 15 日には戦争拒否のデモが世界各地で行われましたが、3 月に入ると、英米軍がイラク
に対して砲撃を開始、「イラク戦争」が始まりました。

記事の論点

ワークショップ　#2

以下の文章を英訳する時の主語は？　その理由は？

「国境の長いトンネルを抜けるとそこは雪国だった」
（『雪国』（川端康成著）から抜粋）

主語：You ？　　I ？　　The train?　　The snow country?　　There?
理由：

2　リーディング・セッション

　英語でのコミュニケーションに慣れ始める英会話中級者以上の人たちのなかには、ネイ
ティブスピーカーと英語で話すのは楽しいけれど、なぜだか「疲れる」という人がいます。
疲れの原因を語学力と考える人は多いのですが、実のところ、そればかりではありません。
　文化は、コミュニケーションスタイル（いかに話し、書くか）にも影響を与えていま
す。コミュニケーションの相手が英語の母話者である場合、多くの日本人英語学習者は母
語話者の持つ異なるスタイルに合わせようと努力しますので、知らずしらずにストレスを
受けてしまっているのです。
　日本の英語教材の多くはアメリカ英語で書かれたものですから、CD などのリスニング
教材は基本アメリカ人のスタイルが用いられています。テレビやラジオの英会話講座に登
場する出演者の話しぶりを想像してもらえばわかるように、ネイティブスピーカーは明る
くフレンドリーで、話すテンポも速い。中学・高校、あるいは街の語学学校などで出会っ
たアメリカ人の先生も、たいていはそんなイメージかと思います。

　時折、必死になってアメリカ人の話し方を真似る「まじめな」日本人の英語話者を見かけますが、まるで初めてキモノを着る海外からの観光客のような雰囲気で、聞いているこちらも「頑張ってるな～」と思うかたわら、ちょっと気恥ずかしく、また、「それで本当に良いのかしら？」といった思いにかられます。公正なコミュニケーションを志向する異文化コミュニケーション学の観点からすると、まずは自らのコミュニケーションスタイル（文化）を知り、理解する姿勢が大事です。

（1）　うずまき型コミュニケーションスタイル

　登りたい山に関する知識があるからといって、自分の体力や身体の状態を知らずに登ることは危険です。異文化コミュニケーションにおいては、まずは自分のコミュニケーションスタイル、そしてその背景にある文化的価値観を知る必要があるのです。私たちは普段どのような話し方・書き方をして、それはどのような価値観によるものなのかを明らかにすれば、むやみに相手のペースに巻き込まれて怒ったり、意気消沈してしまったりすることは少なくなるでしょう。

　また、自分のコミュニケーションスタイルを知っていれば、異文化間で生じやすいコミュニケーション上のトラブルを未然に防いだり、深刻化することを防ぐことができる可能性も高まります。また、すでに誤解が生じてしまったような場合でも、ある程度その理由がわかっていますから、相手に説明したり、説得することもできます。

　さて、ここからが本題です。

　日本人のコミュニケーションスタイルは、うずまき型あるいはボーリング型と表現されてきました。前者は論点が曖昧、後者は相手からの単刀直入なフィードバックを期待しない、いわばモノローグ（独り言）のような話し方をする、という意味です。むろん、こうした見解は西洋人、特に太平洋戦争後日本に大きな影響をあたえたアメリカ人との比較から生まれたものであることに留意が必要でしょう。アメリカ人は、おそらく世界の誰よりも単純明快かつ直截なコミュニケーションを好み、また、会話をテニスや卓球のようなボールの打ち合いと考えているからです。

　ご存知のようにアメリカは歴史の浅い移民国家で、異文化・異民族との対話の蓄積こそが国家の発展をうながしたともいえます。そうした環境における会話では、話のトピックを明快に示して、互いに直接的な表現のやりとりをしなければ、妥協点を見いだしたり、相手を説得することが難しいのです。論点をあいまいにすることは、つまり、多様な解釈を許すことに繋がります。相手が自分と同じ前提を持っているとは限りませんから、メッセージは誤解され、不快感、怒り、不信感などに繋がることもあるでしょう。

　かつて、ロバート・カプラン（Kaplan, 1966）は、アメリカの大学に留学生としてやってきた多くの非英語母語話者が書いた作文の分析をして、異なる母語が異なる思考スタイルを生んでいる可能性を示唆した上[1]、アジア諸国の人びとは概して（アメリカ人と比較して）うずまき型の表現スタイルを持つとしました。

　この指摘は日本人には特にあてはまりそうです。と、いうのも、たとえば、中国人や韓国人のコミュニケーションスタイルは、むしろ西洋型と指摘されることも多いからです。芳賀（2013）は、アジアには異なる2つの文化圏があると述べました。アジアは西洋と類似した対立・攻撃型（凸型文化）の乾燥大陸文化と、協調・受身型（凹型文化）の湿潤な大陸辺縁・島国文化に分けられ、中国や韓国は前者、日本は後者の文化圏に属しているというのです。

　協調・受身型（凹型）文化では、自他の境目をはっきり区別して会話相手と対峙することが好まれません。一人ひとりの存在は、人間関係のなかにあるという考え方ですから、たとえばディベートなどに利用される手法のように、徹底的な討論をして相手に打ち勝つようなことは避けられます。また、それがあいまいさに価値を置く日本人の会話スタイルにも繋がっているといえなくもありません。今でも若者たちは、「やばい」「かわいい」「すごい」「ふつう」など、多義化した表現のなかに自らの意志を自由に反映させています。

　書くことについても同様です。大学生のエッセイやレポートでは、あいまいな表現が多用され、不慣れからくる材料不足も手伝って、たいていはうずまき型ともいえるスタイルをとります。ただし、もしかしたら、それは無意識にも起承転結を実践しようとしているのかもしれません。日本人の多くは書き方について、学校で詳しく学ぶことはなく、せいぜい「起承転結を心がけなさい」と指導されて育っているからです。

　起承転結は漢詩のスタイルのひとつです。漢字からもわかるように、起承転結で書く場合は、途中で内容を変化させる（「転」じる）必要があります[2]。テーマに関連する内容で話を起こし、それを承けて議論したら、脇道にそれて（転じて）、最後に結論となるのです。

　日本人のうずまき型スタイルの背景には、ことばを駆使した強い自己表現に対する否定的態度も存在します。日本人のコミュニケーションスタイルに大きな影響を与えたと考え

---

1)　英語や北ヨーロッパ言語（ドイツ語、オランダ語、ノルウェー語など）の話者は、トピックから脱線することを嫌う直線的ともいえるスタイルを持ち、アラビア語やヘブライ語、すなわちセム語とされる言語グループの人びとは、意見を順に説明しながら文章を構成するというより、トピックに関わる肯定否定を含む異なる見解を数多く並べていくといったスタイル、また、フランス語やイタリア語などのロマンス言語を話す人々は、話の内容を豊かにするためにトピックから脱線して多くを語ることを好むとされました。

2)　日本人は中国文化の影響をおおいに受けてきました。しかし、中国では、その民族的多様性ゆえに、人びとは古くから西洋に近い思考方法を持っていることにも注意が必要です。漢詩のスタイルが日本人のコミュニケーションのスタイルに影響を与えたとしても、日中を同じと考えるのは早計です。

られる禅仏教（禅）では、本当の自分を見つけるには、言語を否定しつくす地平に立て、とまで説きます（竹村、1988）。また「言挙げ」は、おごり高ぶった態度だとも評価されてきました。はっきりモノをいう人は、状況によっては敬意を集めますが、長くつきあう人としては敬遠されます。これが間接的に日本人の「察し」能力にもつながった可能性は否定できません。このような言語環境のなかで日本人は、もの静かで「おとなしい」人を好むようになったのでしょう。そもそも「おとなしい」は、「大人」が形容詞化した表現ですから、日本人にとって、多くを語らぬ会話スタイルは、成熟した大人の 証 といえるかもしれません。

　日本人が遠慮なく自由闊達にホンネで話をするのは、周囲との関係に傷をつけないことが可能な匿名性が確保された時だけかもしれません。たとえば、竹中正治（2008）は『ラーメン屋 vs. マクドナルド：エコノミストが読み解く日米の深層』のなかで、匿名性がカギとしつつ、ブログにおける日本語のシェアは37％で、英語の36％と拮抗していると述べました。英語のブログは英語母語話者以外にも、英語を公用語・外国語としての利用する人たちによっても書かれていますから、この数値は驚くべきものです。

（2）　うずまき型コミュニケーションを育んだ日本人の生活形態

　私たちの祖先は長い間、生まれ育った土地で、近隣の見知った人びとと協力しあいながらコメ作りをして一生を終えました。およそ260年続いた江戸期においても、一般庶民の多くは一生に一度「お伊勢参り」の旅に出ることが可能かどうか、という程度でした。また、仮に伊勢まで行く機会を得ても、道中の寄り道は禁止されていましたので、宿泊せざるをえない時は、原則一泊だったようです。

　先に述べたように、話の核心をぼかす「あいまいなモノ言い」、相手に判断をゆだねる「察し」といった特徴を持つうずまき型のコミュニケーションは、地域住民との言い争いを未然に防ぎ、長期にわたる良好な人間関係を構築するための有効な方略だったといえるでしょう。つまり、日本ではすでに出来上がった（あるいはそのように想定する）人間関係をいかに良好に維持するかが重視され、それが人びとの会話スタイルに大きな影響を与えたといえます。

　日本人の会議の長さはつとに「有名」ですが、それも単刀直入なモノ言いを避けながら、徐々に話を詰めていく私たちの会話スタイルの伝統に 則 ったものなのかもしれません。民俗学者の宮本常市（1984）によれば、かつて、日本の村落で行われた会議は、身分にとらわれることなく公正・平等に、場合によっては3日もかけたそうです。

　宮本の著書『忘れられた日本人』には、400年以上前から、少なくとも大阪や京都から

西の地域の村落で続いていたとされる「寄合」について詳しく書かれています。寄合は基本、村や町で生じる種々の問題を解決するための会議を意味しますが、話し合いの時間はたいへん長く、時には夜を徹しておこなわれたといいます。

　その大きな理由は、参加者から賛否両論出されると、しばらくの間、問題が棚上げにされたからだそうです。参加者が感情的になることを防ぐため、あえて脇道にそれ、頭を冷やす時間を持ったのです。いったん、問題の核心から離れてみれば、自分の考えを調整したり、妥協したりする余裕もでてくるというものでしょう。

　また、議論と寄り道を繰り返せば、自然、話し合いの結果は、「全会一致」あるいはそれに近い形になります。現代的な感覚からすれば、会議に参加したすべての人が同じ意見を持つというのは、なにやら怪しげな気配を感じさせます。しかし、地域の人びととの子孫代々までを見据えた長期にわたる 縁 が、人びとの生活基盤として機能する社会では、むしろ、そうした問題解決の方法こそが好都合だったのだろうと思われます。

　また、日本では、商品の値をあらかじめ決めておく 正札販売が、江戸時代に始まっています。世界でも珍しかったこの販売方法は、店と客の間にある「信用」がベースとなっていました。今でも京都あたりには「一見さん、お断り」を貫く料亭があるようですが、これも人と人のつながり（縁）を基盤とした伝統的な商売のやり方です。

（3）　多義的・感覚的な日本語がおりなすコミュニケーション

　うずまき型のコミュニケーションを具現化する要素の一つに、日本語の持つ多義性があげられます。たとえば、社会言語学者の鈴木（1973）は、「けなげ」という語彙を使って日本語の多義性を論じました。少し古めかしい表現かもしれませんが、皆さんのまわりにけなげな人はいるでしょうか。

　筆者の手元にある辞書によると、けなげは「殊勝な様子」とあります。皆さんが思い浮かべた「けなげ」な人物は、「殊勝」な人だと言い換えることができますか？「殊勝」には、「感心な」「心打たれる」などの意味がありますので、当たらずとも遠からずといったところでしょうか。

　一方、説明できないが、なんとなく違うと感じる人も多いことでしょう。その理由として考えられるのは、「けなげ」という形容詞の持つ多義性です。

　鈴木（1973）によれば、けなげには複数の意味側面が含まれています。けなげな人物とは、①女性か子どものような社会的に弱い立場におかれた人物[3]で、②貧しさなどの逆境

---

3)　実態はどうあれ、ジェンダー意識は変化して、今では伝統的な男女の役割分業を肯定する日本人は少なくなりました。そうした事情を反映してか、昨今、若い女性たちが身近な男性をけなげと呼ぶことも少なくありません。

にあり、③同時に忍耐強く、また、④勤勉でなくてはならないというのです。

　前述した「かわいい」「ふつう」「やばい」など、若い人たちの間でごく一般的に使われる表現もけなげ同様に多義的で、意味は状況に応じて様々に変化しています。たとえば、先日、筆者が電車のなかで耳にした「かわいい」は、どのように解釈したらよいのでしょうか。

　　女性Ａ：飼ってるクワガタにダニがついてたって、この前、夫が言ってた。
　　女性Ｂ：どうやってわかったの？
　　女性Ａ：裏側についてたって。
　　女性Ｂ：カワイイ、、、。
　　女性Ａ：ふふふ（笑）

　「かわいい」は、もともと①いたわしい、②深い愛情を感じる、③小さくて愛しいなどを意味する愛の表現ですが、そうばかりとはいえません。この会話の場合、以下のいずれの意味でも通用しそうですが、いかがでしょう。

　　　→　クワガタの裏側にダニがこっそりとついている様子がカワイイ
　　　→　そんな小さなことに気がつく友だちの夫がカワイイ
　　　→　（夫の行為が）信じられない
　　　→　「そうなんだ」と、あいづちを打っただけ
　　　→　聞き流すテクニック

　現在では携帯やLINE、あるいはTwitterなどを使った短文メッセージの交換が盛んで、時にその悪影響が取りざたされることもありますが、こうしたデジタル・デバイスの利用をうながしているのも、多義的なことばを駆使して短い文章のやりとりを楽しんできた日本人の伝統的コミュニケーションがベースにあるのかもしれません。日本人は、短く、また、感覚的なことばを使いながらメッセージの内容にふくらみをもたせてきたといえます。

　ロンビア大学名誉教授で、2012年に日本に帰化した日本文学者のドナルド・キーン（1990）は、日本人の美意識を「簡潔、いびつさ、暗示、余情」といったキーワードで表すことができると述べました。こうした意識を端的に物語るのは、オノマトペ（擬態語・擬声語）ではないでしょうか。「ドシドシご応募下さい」「胃がキリキリ痛む」「仕事をサ

クサクこなす」などなど、数え上げればきりがありません。日本語のオノマトペは英語の５倍はあるとされ、しかも、誰でもごく簡単に新語を創ることができるというのが特徴でしょう。日本人は、目の前の現象をその時々の感覚で自在に表現してきたのです。

　ある時、学生が紹介してくれた信号の点滅を表現する友人とのエピソードは楽しいものでした。

　曰く「信号がチカチカしてるから、早く渡ろう！」というと、一人の友人が「チカチカじゃなく、パカパカだよ」。すると、もう一人が「パカチカでもいいよね！」。オノマトペは、日本語を学ぶ外国人にとっては修得するのが難しい学習項目のひとつといわれますが、それもよく理解できます。

　ドナルド・キーンが述べたように、オノマトペは「簡潔」にメッセージのエッセンスを匂わせることができるため、日本人にとってたいへん効率的なコミュニケーションツールになっています。

　「はい、ギュー。カチ、カチ、カチ」。これは筆者の通っている歯科医の指示です。いうまでもなく、これは「次に、上下の歯をしっかりと噛み合わせて、その後、何度か軽く噛んでみて下さい」の意味ですが、このように書き出すと、なんと「まどろっこしい」ことでしょう。

　かの宮沢賢治も優れたオノマトペの使い手です。彼が遺した作品の中には、読み手の感情をゆさぶる、多くの、そして聞きなれないオノマトペが使用されています。「ぽくぽく」食べる人物、青く「ぺかぺか」光る物体、「ギーギーフー」とうなる彗星など、賢治は自由かっ達にオノマトペを使い、それらは私たちの心に形容しがたい不思議な感覚を呼び覚ましてくれます。

　オノマトペは、現象の具体的な姿を示すためのものではありません。それは「暗示」や「余情」によって受け手独自の解釈を許容するからです。オノマトペによって表される情景は必ずしも送り手が想定したものと同一である必要はなく、受け手それぞれが独自の「ありうるひとつの世界」を創り出しているのです。そして、これこそがオノマトペの醍醐味であり、また、日本人が求め続けてきた理想的な話し方・書き方の基盤になっているようです。

　一方、英語話者の多くは、暗示を含むメッセージや、余韻を残してその解釈を受け手にまかせることを嫌います。特にアメリカ人にはその傾向が強いようです。前述のように文化的に多様な人びとと共存することを前提としながら、庶民の手で新しい国づくりを進めてきたアメリカでは、メッセージを単純明快にしておく必要があったからです。

　オノマトペが英語に翻訳されると、なにか「ふくよかさ」のようなものが失われてし

まいます。たとえば、先の「ぽくぽく食べる」は、『銀河鉄道の夜』の英訳版において 'Giovanni was greedily eating his piece'（Strong, 1991, p.44）とされていますが、筆者にはどうもピシときません。

「ぽくぽく」は「ぱくぱく」に近い表現のように思えます。しかし、仮にそうだとしても 'to be greedily eating' では激しい空腹感や欲望といったイメージが際立ち、「ぽくぽく」あるいは「ぱくぱく」からイメージされる「邪気のないかわいらしさ」といったものが、すっかり消え失せてしまっているように思えるのです。

もうひとつ日本人の言語観を表すものとして、俳句をあげておきましょう。世界最短の詩とされる俳句は、「言挙げ」を嫌う日本人のコミュニケーション特徴をとてもよく表しています。17 文字からなるメッセージは、その短さゆえに、人間の深く複雑で豊かな心のうちが表現できると思われています。俳句の大家、松尾芭蕉は「謂ひおほせて何かある」と弟子にむかって述べたことがあるそうです。ことばをつくして表現するのでは何も残らない。すべてを言語化しないからこそ、ことばで表現できる世界を超えることができるのだ、という意味です[4]。

季語などの規律にあまりとらわれず、口語表現も受け入れるようになった川柳も多くの人びとに親しまれています。普段は表現することに抵抗のある怒りや戸惑いなどの感情が、毒気が抑えられたユーモアとしてシンプルに伝わるからでしょう。日本には、サラリーマン川柳、シティ OL 川柳、トイレ川柳など、数多くの川柳コンクールが存在します。ちなみに第一生命保険株式会社の「第 31 回サラリーマン川柳 2018」には、47,559 句もの応募があったそうです。5・7・5 は、学校や街でみかける交通安全の標語としてもお馴染みです。「ヘルメット　ぼくのだいじな　おともだち」「お年寄り　孫のお手本　いい横断」。これらは 2014 年に警察庁が使用した標語です。17 文字で構成される俳句（表現）は、日本人の言語生活を支える柱のひとつにもなっています。

（4）　うずまき型コミュニケーションの理論的背景：高文脈文化

コミュニケーションスタイルの文化差について説明可能な理論を提供してくれるのは、またしてもホール（Hall, 1976）です。

ホールは、文化のありようを「文脈」という視点から考えました。文脈とはこの場合、文化構成員が互いに共有する様々な情報のことです。日本で「あいまいな」コミュニケー

---

4)　日本人のそうした考え方は、ことばを使った表現だけでなく、非言語行為にも表れます。たとえば、千利休が作ったとされるわずか二畳の茶席「待庵」、竜安寺の石庭、小さな盆栽が表現する宇宙などは、なにもかも不足しているように見える状態をあえて創り出し、そこに無限の広がりを見いだすことを可能にしています。

ションが成立するのは、日本人の多くが高いレベルで生活上の情報を会話相手と共有しているからです。ホールはこうした現象が多くの人びとに受け入れられている文化を「高文脈」と形容しました。

　以下は、数年前、東北のある街で筆者が実際に聞いた会話です。

　中年の男性：「オッ、いくか」（笑顔）
　少年：「ハイ！」

　会話をしていたのは、夏祭りを2週間後に控えた小さな町に住む大人と、（太鼓の）バチを小脇にかかえて歩いていた中学生らしき少年でした。地域に密着した伝統的な祭りは、そのイベントにかかわるおよそすべての知識と経験が住民に共有されていますから、このような場面で、これ以上、2人が何かをやりとりする必要はありません。会話を続けるとしてもせいぜい大人が「がんばれよ！」と見送る程度でしょう。

　大人が発した「オッ」という感嘆詞と笑顔、子どものはりきった様子を示す音調（「！」で示しました）をともなう合計5文字で完結した短い会話は、祭りの具体的内容と日程、それにかかわる住民それぞれの役割、予想される楽しさや興奮など、2人が共有している情報の大きさ、つまり文脈の大きさを表しています。

　過去の長い時間、日本人の多くはどちらかといえば閉じた環境のなかで、似たような価値観を持つ人たちと生活してきましたので、普段会話をする相手のことは互いに知っていることが多いのです。日本人は先進国のなかでは、おそらく最も高文脈な文化を持つ集団のひとつといえましょう。このような文化は、人びととの間にある種の結束感をもたらし、長期的かつ安定的、しかも固定的な関係をつくりあげています。

　一方、多民族・多文化社会においては、相手の持っている情報が必ずしも自分と同じではないということを前提に話が展開しますので、ことばを駆使した丁寧な情報交換が必要になります。ホールは、こうした文化を「低文脈」と呼んだのです。

　低文脈な文化に暮らす人びとの日常は、経験も価値観も異なる様々な相手との出会いと会話の連続です。当然ながら、人間関係のあり方も異なります。アメリカやカナダ、オーストラリアのような新しい移民国家ではなおさらでしょう。かれらは、互いの自由意志を尊重しながら、むしろ、より広く、浅く他者とのネットワークを築こうとします。こうしたなか、人びととの間の結束も強いとはいえません。

　かれらは公園や電車などで気軽に声を掛け合い、パーティではむしろ見知らぬ人との会話を楽しみますが、本質的にそれは異文化に対する寛容とか、フレンドリーな気質などに

よるものではないと考えられます。かれらがおこなっているのは、むしろ多様性に富む多文化社会でより安全に「生き残る」ための情報収集と危機管理でしょう。似通った人同士で会話するのは気楽で楽しくもありますが、そこに留まっていては、価値観の違いによる不要な争いに巻き込まれたり、迫りくる危険を察知できずに命を落とすことすらありえます。また、異なる人びとと十分に情報交換をしていれば、逆に、多様性がもたらす様々なアイディアや政治的・経済的システムの受益者となることもあるのです。

　また、第4章で示した接触性同様、高・低文脈には、「程度のグラデーション」が存在します。高文脈とされたグループ内部にも、また、逆に低文脈文化とされたグループにも、レベルの差があることに留意しましょう。たとえば日本は、同じグループに配属されたほかの多くの国々より高い文脈文化を持つ国ですが、アメリカは低文脈グループの一員とはいえ、最も低文脈な文化を持つ国ではありません。

　また、グループの大きさ（数）では高文脈文化とされた国々（地域）が、低文脈文化とされた国々を圧倒します。アジア、中東、南米、アフリカ、さらにはイタリアなど南ヨーロッパの国々も高文脈文化を持つとされています。ですから、同じ高文脈文化であっても、言語を使った情報交換の在り方はそれぞれ独自です。高文脈文化圏に暮らす人びとは、皆、日本人のように「寡黙」ではありません。筆者の経験では、中国人、メキシコ人、スペイン人、イラン人、どの国の人も実によく話します。

　おそらくある文化では、対人関係維持の方略として社交的に振舞う努力が重要視され、また別の文化では、不安的な社会を生き抜くための情報収集などが間接的目的となって、テーマからはずれた内容を含む様々なメッセージのやり取りを必要とするのでしょう。高文脈文化圏内部にも、「わかっていても話す」人びともいれば、「わかっているなら話さない」といった人びともいるということを忘れないで下さい。

　一方、日本では産業構造の変化による地域の流動化やグローバル化などによって、会話スタイルの国際化（いわば英語文化化）が求められるようになりました。このところ若い人たちはずいぶん多弁になっています。かれらは早口でよく話し、一見したところ自己主張も上手です。また、他人と高いレベルで情報を共有しているならコミュニケーションのすれ違いも起こりにくいようですが、現代社会は誤解に満ちています。私たちは高文脈な文化を残しつつも、徐々に低文脈な文化を合わせ持つようになっているのです。

　平田オリザ（2012）が述べるように、今では、「わかりあう、察しあう古き良き日本社会が、中途半端に崩れていきつつある（p.223）」（傍点筆者）ことは事実でしょう。はっきり表現しすぎるのは教養や品格に欠けるとされながら、時にはっきり表現しなくてはわからないと迫られる。だから、どう表現すればよいのかわからない。また、「はっきりし

てよ」といいながら、そうされると傷つく人もいることがわかっているから、人間関係に
怖気ずく。日本人は、まさにこうしたコミュニケーション環境に暮らし、戸惑いとジレン
マに陥っています。

　大事なことは、私たちの価値観に土台を置く会話スタイルと、その現代的変化をしっか
りと理解することです。政財界が主導する「グローバル人材」などの流行りことばに振り
回されて、なし崩しに会話スタイルを西洋化したり、その逆に「ここは日本だ」とばかり
意地になって愛国主義に陥ることなく、地に足のついた本物の異文化コミュニケーターを
目指したいものです。

　自文化を理解したうえで会話スタイルの多文化化を図ること（複数のスタイルを身につ
けること）は、過渡期を生き抜く工夫のひとつかもしれません。主張すべき時はあいまい
な表現を避け、ことばを尽くして説明するなど、必要な時にスタイルを切り換えるのです。
そうした実践の積み重ねとプロセスが、汎用性の高い新しい自分自身のコミュニケーショ
ンスタイルを創造することにつながると考えます。

（5）　日本人の自我 [5]　と世界観

　日本人の伝統的コミュニケーションスタイルに影響を与える要因として、最後にあげた
いのは、日本人の自我、そしてその基盤となっている世界観です。

　「私」と「あなた」を対立的な構図のなかで理解する西洋諸国の人びとと異なり、日本
人の自我は人間関係のなかにあるとされます。かつて濱口恵俊（1982）という学者は、日
本を「間人主義社会」と呼びました。この国では、なんらかの 縁 によって形成された
「 間 柄 」が人びとのコミュニケーション行為を決める傾向があるというのです。日本人
の自我が人間関係のなかにあるという議論と符合します。

　相手との関係によって変化する日本語の主語は、そうした自我観を示す好例でしょう。
子どもに対しては「お母さん」や「お父さん」、相手が友人であれば「アタシ」「ウチ」
「オレ」「ボク」「コッチ」など、上司や取引先、顧客であれば男女を問わず「ワタ（ク）
シ」となります。「ジブン」は相手にも自分にも使える便利な主語です。こうした主語の
多種多様な使い方は、会話する相手との関係を重視する日本人の自我観が反映されていま
す。

　日本で独自の進化をとげ、私たちの暮らし方に大きな影響を与えた禅仏教の考え方によ

---

5)　自我と自己は、哲学、精神医学、心理学など扱われる学問領域において異なる理解があります。代表的な考
　え方としては、自分が考える自分を「自我」、他者の評価を中心においた自分自身を「自己」とするといったも
　のがありますが、ここでは双方を包括する意味で「自我」を使用しています。

れば、日本人の自我は相手との間に境界を引きません。

　鈴木大拙ら（1969）によれば、日本における人間関係は、時に「私があなた」であり、また、別の時は「あなたが私」にもなるといった考えをもとに営まれているというのです。禅における空（くう）や無（む）の世界観では、自我は「あるようで、なく」、また、「ないようで、ある」ものとされ、そこに他者との一体感や、相手への深い共感が生まれます。

　禅には無心という概念もありますが、それは空（から）っぽな心、すなわち何も思わない・考えないといった状態のことです。思考のベースには、様々な経験や知識がありますから、それらをないものとするのは、きわめて難しいことです。しかし、自らの経験でさえ、他者からするとまったく異なる経験にもなりえます。また、いかなる知識も「絶対に正しい」と言い切ることはできません。

　日本人は無心になることで、新たな境地を見いだしたり、意外な発見をしたり、仕事やスポーツの成果をあげたりすると考えてきました。つまり、自我をあいまいなものと理解することは、個人の持つ多様な可能性を多方面から刺激して、むしろ、その人の持つ個性を開花させることにつながっているのかもしれません。

ちょっと一言

　かつてトム・クルーズが主演した‘ラスト・サムライ’という映画がありました。2003年末にアメリカで（日本では翌年）公開されるやいなや大変な人気を博した作品ですが、この映画でトム・クルーズは、剣の師匠（日本人）から、「無心になれ！」と諭（さと）されます。技を磨くための方法や論理に縛られている自我を捨て、「なにも考えずに、ただ、やりなさい」ということでしょう。興味深いことに、作品の中では“You have too many minds!”という英語表現が使われています。アメリカ人にとって‘mind’、すなわち「考え」のない人間など存在しえないという価値観が、このような表現につながったと思われます。ロールモデルとなる優れた人物を徹底的にまねることを学びの中核においてきた日本人と、自分の中には何かしらの独自性があると信じ、それを磨くことに価値をおく西洋人という違いも、こうした自我の捉え方による違いがもたらしたのかもしれません。

　さて、こうした日本人の自我は私たちの世界観とも深く関連しているようです。世界観とは、人間、自然、神という3つの要素とその相互関係に支えられる概念です。一方、これら3者の関係をどう理解するか、という点については必ずしも世界共通ではありませ

ん。ある人びとは神をより重視して、別の人びとは神、人、自然の3者をほぼ平等と考えます。たとえば、一神教（ユダヤ教、キリスト教、イスラム教など）の影響が強い文化圏では、人びとは世界観を構成する3要素を明確に序列化します。神はありとあらゆるすべての存在を超越しますし、同時に人間は自然をコントロールする権限を持たされた存在なのです。

　現在では、世界人口の半分以上がこうした世界観をもとに生きていることには留意が必要でしょう[6]。欧米ではすでに宗教が世俗化しているとされますが、アフリカやアジアといった地域ではむしろその影響力が強まっていますし、こうした地域は一般的に多産ですから、近い将来、一神教の世界観はさらに多くの人びとを動かすことになるでしょう。国際的な異文化コミュニケーションを考えるにあたっては重要な要素です。

　一方、多神教（仏教、神道、ヒンズー教など）にもとづく世界観では、神、人、自然の序列は必ずしも明確化されません。ことに、これら3要素を循環的に扱う日本人の世界観にしたがえば、森羅万象に神の存在を認め、しかも、「八百万の神」は人や自然と同様に完全性を欠いた「失敗する」存在です。

　大森曹玄（1983）によれば、かつて東福寺で1,000人規模の僧侶たちの会合があった際、参加者にふるまう食料が不足したそうです。お坊さんたちで協議した結果、問題の根源は「台所の神様」である韋駄天にあるとされ、こともあろうにその神様を荒縄で縛り、「お前がグズグズしておったからこんなことになった」と皆でなぐりつけたというのです。京都御所に雷が落ちた時も同様で、守護神である賀茂神社が怠慢を働いたとされ、何日間かの閉門を余儀なくされました。

　神々が不完全であればこそ、人もまた、神に昇格することが可能な存在です。近年、世界遺産となった栃木県にある日光東照宮は、徳川家康を神として祭る場所ですし、平安時代に生きた菅原道真は学問の神様です。神道では、死者がなくなって50日目に最後の葬礼が行われますが、死者はその後、ほかの祖霊とともに祭られて家を守る神になるのです。

　世界観を構成するもう一つの要素である自然が不完全であることはいうまでもありません。日本では、むしろその不完全さを楽しむことに価値を見いだしてきました。

　「十三夜」という行事を知っているでしょうか。

　中秋の満月を楽しむのは「十五夜」ですが、平安貴族たちは欠けた月にも美しさを見いだしています。満月となるにはもう少しだけ日数が必要な十三夜の、ちょっぴり欠けたお

---

6)　東京基督教大学（2018）によると、2016年現在、キリスト教徒は24.5億人でイスラム教を信じる人びとは17.5億人です。これら2つの宗教だけで42億人です。

月様が水面にゆらゆら映る姿を愛でるこの態度は、日本人の美意識をよく表しているように思えます。

　民話から日本人の世界観を論じた河合隼雄（1982）も、日本では人と自然が不即不離の関係にあると述べます。つまり、人と自然はその違いゆえに一体化することはないものの、互いになくてはならない存在であるということです。物語に登場する動物（自然）は、正体がばれたところで自然に帰り（たとえば、「鶴の恩返し」）、悪の象徴として登場する鬼も根絶すべき対象ではありません（たとえば、「桃太郎」）。鬼や悪は懲らしめられますが、むしろ「追い払う（鬼払い、厄払い）」ものなのです。つまり、日本人は異質な他者や不完全さを象徴するともいえる悪の存在を認めたうえで、相手を排除することなく、「棲み分ける」というやり方で共存してきたといえるでしょう。

　極論すれば、異質な他者や悪（者）の存在なくしてこの世界も自分自身も成立しないという理解の仕方です。あらゆる存在を抱括する宇宙は、不完全なものの集合体であり、むしろ、それらの調和をどう創り上げていくかということが、日本人にとっては重要だったのです。西洋の物語の大半が、登場する悪者を徹底退治する設定になっているのとは、大きく異なっています。

　ところで、絶対神を持たない日本人は、どこに精神のより所を求めてきたのでしょう。

　意外に思う人も少なくないかもしれませんが、日本人がよって立つのは、自分自身だとする研究者は少なくありません。最後に頼れるのは自分自身。だからこそ日頃から自らの身体を研ぎ澄まし、精神を落ち着かせるためのさまざまな生活の知恵を発達させたというわけです。

　その工夫のひとつが、かつては多くの人びとが日常的に実践していた腹式呼吸です。丹田呼吸とも呼ばれるこの呼吸方法は、脳内にセロトニンという物質を増加させ、心を安定させる作用のあることがわかっています。弓道、書道、茶道など、およそすべての伝統芸能や武道で呼吸が重視されるのは、そうした理由からでしょう。

　下腹部、つまり「肚」とされる部位は、日本人の精神性を考える上で重要です。かの新渡戸稲造（1938）などは、著書『武士道』のなかで、切腹が「意味ある自殺」でありえた背景として、肚に霊魂と愛情が宿るという日本人の信念があると考察しています。「肚」は子どもという生命を宿す場所であるとともに、魂の象徴として理解されていました。「肚黒い」「肚を割る」「肚を探る」「肚をくくる」など、日本には肚を用いた数多くの表現が存在しますが、それは日本人が下腹部に独自の意味を与えたことによるものです。

　興味深いことに、日本人の世界観とそれにもとづく自我のあり方は、私たちの強い個人主義志向をも説明してくれます。日本人は、諸外国に比べ集団主義志向が強いと思われて

きましたが、その一方で、実はひどく個人主義志向であることもわかっています。

　文化人類学者のハルミ・ベフ（1990）は、個人専用の茶碗や箸、剣道・剣道などに代表される個人スポーツの発達、世界でも類をみない労使交渉の多さなど、数々の例をあげながら、説得的に日本人の個人主義志向を論説しています。

　一方、個人主義志向が強いといわれるアメリカを筆頭とする西洋社会においては、皿やナイフ・フォークなどの銀器はすべて使いまわしをされますし、野球やサッカーなどの集団スポーツも西洋で生まれたものです。

　また、アメリカでは町内会といったものは組織されませんが、かれらは、むしろ積極的に地域の人びとと交流し、相互扶助を可能にする幅広い地域ネットワークを創ろうとします。同じ地域に住む人びとは、互いにパーティに呼び合ったり、ベビーシッターを頼みあったりします。少し前までのアメリカの中流家庭では、地域の人びとが訪問しやすいようにドアには鍵をかけず、また、呼び鈴をならすという「他人行儀」なことはしない方が好まれたといわれるくらいです（ファッセル、1987）。

　実はこれには筆者も覚えがあります。オレゴン大学のある Eugene という街に暮らす友人（アメリカ人の白人女性）を訪ねた時のことです。

　「町内を案内するわね」と、友人が散歩に誘ってくれました。ハラハラする筆者を横目に、家には鍵をかけず窓も開けっぱなしで、すれ違う地域住民とにこやかに挨拶を交わしながら小一時間ほど歩きまわりました。2015 年の話です。ちなみに、彼女の住む家は、山中奥深くにあるわけでも、治安上の問題から最近アメリカでよく見かける地域をゲートで遮断した街（gated community）にあるわけでもありません。

　特定の価値観や信条、態度などが、一つの文化集団を完全に描写することなどはありません。ある価値観がある特定の状況において強く表出されることはありますが、じっくりと冷静に観察すれば、別の場面では、むしろ対極ともいえる価値観が、強くにじみ出ていることがあるものです。

　こうしたことを考えると、異文化を評価するときは慎重になる必要があることもわかるでしょう。ある特定の似通った事象をひとつふたつ経験したからといって、それがすべてではありません。別の場面ではまったく逆のことが起こっている可能性を頭の隅に置きつつ、ある価値観や態度は、いつ、どこで、誰が、どのような立場の人と、どのような社会・政治的環境の中で表出されたものであるのか（すなわち、コミュニケーション文脈）を考慮することが必要であることを、改めて、つけ加えておきます。

引用文献

大森曹玄（1983）『禅の発想』講談社。

河合隼雄（1982）『昔話と日本人の心』岩波書店。

キーン、D.（1990）金関寿夫訳『日本人の美意識』中央公論社。

竹中正治（2008）『ラーメン屋 vs. マクドナルド：エコノミストが読み解く日米の深層』新潮社。

竹村牧男（1988）『はじめての禅』講談社。

鈴木孝夫（1973）『ことばと文化』岩波書店。

鈴木大拙・E. フロム・R. デマルティーノ（1969）佐藤幸治他訳『禅と精神分析』東京創元社。

東京基督教大学　国際宣教センター（2018）「日本宣教リサーチ JMR 調査レポート 2017 年度版」。

新渡戸稲造（1938）矢内原忠雄訳『武士道』岩波書店。

芳賀　綏（2013）『日本人らしさの発見』大修館書店。

浜口恵俊（1982）『間人主義の社会 日本』東洋経済新報社。

平田オリザ（2012）『わかりあえないことから：コミュニケーション能力とは何か』講談社。

ファッセル、P.（1987）坂本 元訳『階級（クラス）：「平等社会」アメリカのタブー』光文社。

ベフ、H.（1990）『イデオロギーとしての日本文化論』思想の科学社。

宮本常市（1984）『忘れられた日本人』岩波書店。

Kaplan, R. B.（1966). Cultural Thought Patterns in Intercultural Education. *Language Learning 16*, 1-20.

Hall, E.T.（1976). *Beyond Culture*. Garden City, N.Y. : Anchor Press.

Strong, M.S.（1991). *Night of the Milky Way Railway*. Armonk, N.Y.: M.E. Sharpe.

第6章　カルチャーショックと異文化に対する感受性の発達

学生の声　留学に行ったばかりのころ、学校に行く前にお腹が痛くなったりしていました。家でもホスト
　　　　　マザーの香水の匂いに堪えられなくなったり、ずっと手を洗ったりしていた時期もあります。

1　アクティビティ・セッション

ワークショップ　#1

　大学入学前後、就職前後、部活を始める前後などの気持ちを振り返ってみましょう。新しい環境に
入る前と後で、あなたの気持ちにアップダウンはありましたか？
　また、新しい環境への適応はどのくらい経ってからだったと思いますか？　何かきっかけはありま
したか？

　入学前後の気持ち：

　適応はいつ？：

　　　　　　　カルチャーショックは5段階で示されることがあります。最初の段階は
「期待と不安が入り混じる時期」で、異文化環境に移る前の気持ちが高ぶっている状態で
す。また、ほかの4つの段階は、「ショック期」「参加者の時期」「ハネムーン期」「適応期」
と命名されています。これらの段階を、次頁に示した第1段階の例にならいU字にむけ
た矢印で表してみましょう。

カルチャーショックのＵ字型曲線モデルを完成させよう！

| 期待と不安が入り混じる時期 |

U

＊Ｗ字型曲線モデル　→　帰国後にたどる再適応のプロセスを含むモデルです。第7段
階はどのような感情が生じる段階だと思いますか。考えてみましょう。

第6段階：帰国直前の期待と喜びの時期

第7段階：＿＿＿＿＿＿＿＿＿＿＿＿＿＿＿＿＿＿＿＿＿＿＿

第8段階：再適応の時期

　　異文化感受性発達モデルを完成させよう。

＊講義を聞きながら下線部を埋める。

　自民族優越主義的段階　：　(1)　～　(3)

(1)＿＿＿＿＿＿＿＿＿段階

　異文化を区分しないか、非常に大まかで広い分類しかしない。文化など「知る必要はな
い」と考え、むしろ積極的に無視する。

(2)＿＿＿＿＿＿＿＿＿段階

　対象となる文化を否定的なステレオタイプで眺めることが多い。異文化を「未発達」と
みなし、自文化の優越性から相手を変えることが良いと考える。一方、この段階には異文
化を自文化より優れたものと考え、自文化を見下す「逆転現象」もある。

(3)＿＿＿＿＿＿＿＿＿段階

　人間としての類似点や基本的な倫理観など、共通項を探して強調することで異文化に近

づこうとする。

民族相対主義的段階：　(4)　〜　(6)

(4)　_____段階

　相手が異なる文化集団の一員であると認識できれば、文化の違いを受け入れる。現象を文脈のなかで理解するようになるので、相手に合わせて行動することができる。

(5)　_____段階

　異文化コミュニケーション能力が発達し、知識と行為を無理なくリンクさせることができる。必要なことについては共感できるようになり、異文化の生活において適切な行動がとれるようになる。

(6)　_____段階

　馴染みのない現象を評価するにあたって、複数文化の枠組みを利用することができる。どのような文化においても自分は少数派であるとの意識を持っているが、それは必ずしも否定的な意味ではない。

ワークショップ　#2

＊異文化感受性発達モデルの説明を聞いた後の練習問題

---

　①〜⑥の語りは、異文化感受性モデルのどこの段階にいると思われる人物のものでしょうか。理由とともに考えましょう。

① 　カンボジアに暮らしはじめて３年になります。こちらでは、どこに行っても私を日本人と思う人はいなくなりました。服装や歩き方もすっかりカンボジア人ですし、仕事もこちら流のやり方にしているからです。でも、この前、仕事の関係で日本人と話していたら、カンボジア人の同僚が「まるで別人みたい」と驚いていました。
　_____段階
　理由：

② 　私はアメリカのカンザス州に暮らす日本人です。先日、近所にあるスーパーのレジで並んでいると、レジ係の人が客と野球チームの成績について楽しそうに話しこんでいました。なかなか話をやめる気配はありません。並んでいる人のなかには急いでいる客もいるでしょうから、私がレジ係だったら決してそんなことはしません。でも、だからといって別にイライラしていたわけでも、待って

　いることを気にかけていたわけでもありません。むしろ、会話の内容に興味を持ちました。
　　　＿＿＿＿＿段階
　　　理由：

③　仕事でアフリカのブルキナファソに半年ほど滞在します。海外赴任は初めてですが、渡航前に空
　港から首都ワガドゥグーまでの行き方などを調べておくつもりです。公用語はフランス語というの
　ですが、英語は通じると思うし、フランス語も大学時代に２年ほど勉強したので、たぶん大丈夫！
　現地には日本人の同僚もいるし、生活にはあまり困らないと思う。
　　　＿＿＿＿＿段階
　　　理由：

④　私は男性ですが、子どもが好きなので幼稚園教諭になりました。また、英語が得意なので園の国
　際交流活動もまかされています。世界各国の方々とのコミュニケーションはそこそこうまくやれて
　いると思います。ですが、お母さんたちとのコミュニケーションはホントに難しい。こちらの説明
　もあまり聞いてくれていない気がするし、いつもすれ違ってばかりいる。
　　　＿＿＿＿＿段階
　　　理由：

⑤　タイ人の友だちをたずねて、バンコクに行った時のことです。毎日のように親類の誰かが勝手に
　彼の家に出入りしていたの。まあ、習慣が違うといえばそれまでなんだろうけど、いつも見知らぬ
　誰かがリビングにいて、しかも勝手にビールとか飲んでいたりするんで、びっくりしました。そこ
　で、ある日みんなで夕食をとっていた時、わざとプライバシーの話を持ち出して日本や欧米の考え
　方を披歴しちゃいました。皆、にこやかに頷いてましたから、わかってくれたと思います。
　　　＿＿＿＿＿段階
　　　理由：

⑥　韓国観光に行った時、スカートの裾がエレベーターにひっかかって転びました。韓国語のわから
　ない私に何人もの人が手を差しのべてくれたので、びっくり。韓国人は強い反日感情を持っている
　と聞いていたからです。どういう環境で育っても、人間って、基本、優しい生き物なんだと思いま
　した。
　　　＿＿＿＿＿段階
　　　理由：

2　リーディング・セッション

　カルチャーショックとは、異なる文化圏における主観的な違和感や精神的ショックの積み重ねによって起こる体調や気分の低迷状態を意味します。異文化コミュニケーションを考える場合、この問題は避けて通ることができません。「主観的」とはいえ、カルチャーショックはその名が示す通り、個人の独自性や性格によるだけでなく、生まれ育った社会で内化された文化的行為や価値観が新しい文化と衝突しているからです。

　いつ、誰に、どのような挨拶をするのか、銀行や郵便局でどのように並ぶのか、風邪をひいて病院にかかる時はまず何をすべきなのか、遅刻は何分まで許容されるか、どのタイミングでどのように部下を叱るべきか、逆に叱られる時はどのような態度で聞くべきかなどなど、私たちが常識的と考えている行為のおよそすべては文化的です。

　私たちが当然視する誠意や親切の表現すら、外国では通じないこともあります。忙しいなか無理をして空港まで迎えに行ったのに、翌日会ったらお礼の一言もない、キッチンの床を綺麗にしようとしゃがんで雑巾がけをしていたら家族に軽蔑されたなど、いずれも実際にあったエピソードです。

　異文化での生活はこうした文化的認識のズレへの対処の連続で、それがカルチャーショックを引き起こすのです。慣れ親しんだ考え方や行動パターンが否定される経験が次々に起こると、相手に対する不信感や孤独感などに 苛 まれるのは自然なことです。人によっては腹痛や頭痛、不眠などに悩まされたり、うつなどを発症する人まで出てきます。

（1）　カルチャーショックのU字型曲線モデル

　Lysgaard（1955）は、カルチャーショックを受けた人間の心理状態の変化をアルファベットのU字になぞらえてモデル化しました。「カルチャーショックのU字型曲線モデル」と呼ばれています。

　Uという文字は、左上部の高い位置から書き始めますが、それは異文化への移動にともなう精神的な高揚状態を示し、「期待と不安の入り混じる時期」と呼ばれています。移住先が初めての海外などということになれば、なおのこと平常心ではいられません。物理的にもパスポートやスーツケースを準備したり、語学の勉強をしたり、持ち物やお土産のチェックをしたりして、忙しく動き回ることになりますから、それが高揚感をさらに高めることでしょう。

　実際に新しい生活が始まっても、しばらくは楽しい気分で過ごすことができます。新

しい文化は何もかもが新鮮ですから、多くの人びとは第2段階として置かれた「旅行者の時期」を過ごすことになるのです。同じ旅行でも好きな人と過ごす新婚旅行のよう、という意味で「ハネムーン期」とも呼ばれています。数週間の短期語学研修などは、まさしくその名の通りです。憧れの海外生活が実現するだけでなく、研修では世界中から集まる留学生との交流が可能ですから、参加者の高揚感は帰国するまで続くこともあるのです。

　この段階において見聞きする文化的相違はむしろ心地よい刺激です。異なる信号機のデジタル画像や音、道路や建造物、人びとの服装、歩き方や話し方にいたるまで、まるでディズニーランドを楽しんでいるようなものです。場合によって、自分にとっては不利ともいえることすら楽しむことができるでしょう。たとえば、日本人の喫煙者は、オーストラリアの空港などにあるタバコ自販機に貼られた 'Tabacco kills you!'[1] の大きなステッカーに不快感や不安をあおられるかもしれませんが、「旅行者の時期」にいる人にとっては、それがむしろ日豪のコミュニケーションスタイルの差、あるいはタバコをめぐる日豪の政治的見解の違いを楽しませてくれる、といったことです。

　しかし、いったん腰を据えて暮らし始めると、事情はやや異なる様相を呈し始めます。現地のやり方がわからない（できない）、そのやり方に反発する、やたらと時間がかかるなどの現実と向き合うことになるからです。Lysgaard（1955）はこれを「参加者の時期」と命名しました。異なる習慣や考え方は、もはや「見聞き」するものではなく、自分に求められた実践であることに気づくからです。

　留学生の場合は、実際の学部授業に参加するようになると、要求される読書量の多さに圧倒され、しかも教室では、現地の学生が積極的に発言しているのを横目に一言も発することができず、しまいには深い劣等感に苛まれたりします。前述のタバコ自販機も、オーストラリアで暮らし始める日本人の喫煙者にとっては古巣への激しい郷愁を感じさせるきっかけになるかもしれません。オーストラリアをはじめ、西洋諸国においては、日本以上に喫煙スペースが制限されますし、場合によっては現地の人から面と向かって喫煙を非難されるようなこともあるからです。日本でみかける「喫煙は健康を害する危険があります」という遠慮がちでサイズも小さなステッカーを思い出し、あまり意味のない比較をしてため息をつくかもしれません。

　海外生活を続ける上で避けることができないこうした文化的諸問題への対応には時間がかかるものです。やがて孤独感や焦燥感に支配され、気持ちは徐々にU字の底、すなわ

1）　2000年にオーストラリアのシドニーへ出張した時に、偶然、こうしたステッカーが貼ってあるタバコの自動販売機を空港の片隅で見つけました。現在、そのようなステッカーが貼ってあるかどうかはわかりません。

ち第4段階の「ショック期」に入ることがあるのです。毎朝、必ずお腹が痛くなる、わけもなく涙が出る、食欲がなくなる、などの症状を訴える人も出てきます。

　この時期には、日本社会や文化を過度に美化したり、根拠なく高評価を与えたりすることもあるようです。そしてそのちょうど裏側では、異国の異なる習慣や規則を見下し、さしたる理由もなく現地の人を憎んだりするようになる場合もあります。無意識にも自尊心を維持しようとしているからでしょう。この時期は、苛立ちや孤独感がピークに達すると考えられ、医師による治療など適切なサポートが必要となるケースも生じます。

　ただし、過度に心配することはありません。多くの人は徐々に新しい文化に馴染んでいくものです。一定期間を過ぎると相手文化の行動パターンを推測できるようになり、また、これまで苦労してきた様々な問題が消滅していることに気づく時がきます。これが最終段階におかれた「適応期」というものです。特定の状況下においてはうまくいかないこともありますが、以前のように激しく動揺したり、混乱したりすることは目にみえて少なくなっていきます。

（2）　カルチャーショックのW字型曲線モデル

　Gullahorn & Gullahorn（1963）は、帰国後にたどる再適応のプロセスを追加してW字型曲線モデルを提示しました。Wという文字が使われたのは、気持ちのアップダウンを示すUが2つあるという意味です。このモデルでは、第6段階として「帰国直前の期待と喜びの時期」、第7段階に「期待が打ち破られ、落ち込む時期」、そして第8段階に「再適応の時期」が置かれました。Gullahorn らは、文化間を移動する人びとのカルチャーショックと適応の全体像は、「往復」で検討すべきと考えたのです。

　異文化で過ごす人たちの多くにとって、ふるさと日本は親しい友人や家族が待つやすらぎの国です。帰国が決まると、たいていは懐かしい人たちに会える嬉しさ、ことばにも習慣にも不自由のない暮らし、「本物の」和食などへの期待で心が躍るような感覚を経験します。これが「帰国直前の期待と喜びの時期」です。しかし、実際に帰国してみるとどうでしょう。なぜか、ふるさとの友人や家族、習慣や伝統などに違和感を覚える人は少なくありません。

　主たる原因は、異文化での生活で変わってしまった自分自身です。

　異国では正々堂々と、否、むしろ積極的に「日本人」として振る舞うことができたのに、いざ戻ってみると自分はなんだか、周りの人と違ってしまっていることに気づきます。異国で暮らしていた時は、日本人の良さとして外国の人たちに積極的にアピールしていた勤勉さや誠実さなどが、むしろ堅苦しく、無愛想でユーモアに欠けるなどの感覚に襲

われてしまうこともあるでしょう。帰国ショックは、周囲から期待される「古い自分」と異文化生活で変わってしまった「新しい自分」とのすり合わせ作業のプロセスで生じるストレスなのです。

　実をいうと、筆者もまた帰国ショックに長く苦しんだ一人です。大学時代に渡米して、帰国は 27 歳でしたが、後半 5 年間は諸事情が重なり日本に戻ることはありませんでした。実際に帰って仕事を始めてみると、表現するのが難しいちぐはぐな感覚を持ち続けることになります。会議内容がよくわからない（日本語で話されているのに！）、冷静に説得したつもりが相手に呆れられた、お笑い芸人の話す内容がさっぱりわからないなど、コミュニケーションに自信を失うことも多かったのです。毎日、何かしらの疑問や怒りに苛まれました。自己調整と反省を繰り返し、違和感を感じることなく生活できるようになるまでには、およそ 10 年という長い時間がかかりました。

　今では多くの学童期にある子どもたちが、親の都合で海外暮らしをしています。しかし、文化化の発展途上にある子どもたちが、日本文化を十分に習得しないまま異文化に晒されれば、良くも悪くも滞在国（地域）の主流文化を内化することでしょう。帰国後には深刻ないじめの対象になることすらあります。帰国ショックに対する社会の理解を高めて、学校内外でのサポート体制を整える必要があると考えます。

（3）　カルチャーショックモデルをめぐるいくつかの問題点

　カルチャーショックのモデルは、異文化環境におかれた心のアップダウンを U や W の大きな流れのなかでわかりやすく描写してくれますが、説明されるべきいくつかの課題も存在しています。

　第一に人間の心は複雑ですから、精神状態が U 字型（W 字型）のように単純な一筋の流れにそって動くことはありません。新しい文化環境で私たちが経験する心理的違和感は、むしろ、くねくねとスパイラルな（らせん形の）流れを想定するのが現実的でしょう。ある人がある生活領域（たとえば学校、家庭、職場など）でうまく異文化適応しているように見えても、別の場面では、いぜん困惑していたり、落ち込んだりしていることもあります。たとえば、買い物やレストラン、ホームステイ先ではうまくやれていても、パーティでは引っ込み思案になってしまったり、授業のディスカッションではなかなか発言のタイミングがつかめなかったりするものです。

　また最近では、カルチャーショックが起こるのは、むしろ新しい環境に移動した直後であるといった研究報告もありますし、逆にカルチャーショックをまったく経験しない人たちの事例もあります。筆者の知り合いにも、日本での滞在期間が 3 年を過ぎて、なお、見

るもの聞くものすべてが楽しいという韓国からの留学生がいます。彼はいぜん「旅行者の時期」にいるともいえますが、こうした場合は、そもそもカルチャーショックモデルに当てはめて考えること自体に無理があるのかもしれません。カルチャーショックには文化の類似性、人格、語学・コミュニケーション能力、ジェンダー、人種など、検討すべき様々な要素が関連しますから、心のアップダウンをU字のように単純化したモデルでは説明しきれない部分が出てきて当然なのです。

　さて、筆者が最も重要視するこれらモデルの課題は、最終段階に置かれた「適応期」です。適応とは、ストレスを感じることなくホスト文化に適した行動ができるという意味ですから、変化を求められているのは移住者であってホスト社会の人びとではありません。つまり、カルチャーショックを乗り越えるには「郷に入っては郷に従え」とも理解できるのです。

　しかし、異国へ移り住んだ人びとを観察してみますと、適応とは必ずしもそのようなことではないようです。異文化を自らの内部に取り込みつつも、母文化とも移住先の文化とも違う「第3の文化」を創り出しているように見えることがあるからです。移住者がおこなっていることは、自他文化の積極的な統合あるいは調整といえるのですが、カルチャーショックモデルにはこうした視点が欠如しています。また、統合や調整によって創り出された第3の文化はホスト文化での暮らしを容易にするとともに、時には受入れ先であるホスト文化をも変化させるという点もカバーされていません。

（4）　異文化感受性発達モデル

　アメリカの異文化コミュニケーション学者、ミルトン・ベネット（1986）は、個人の主観的な異文化体験をベースとした「異文化感受性モデル」を提示しました。名前のとおりこのモデルは、異文化を感じ取る能力がどのように発達するかを段階的に示したものです。異文化に対する驚き、不快感、嫌悪などは、人間としてごく自然な心の反応であり、そうした種々の心的経験を踏まえて私たちは文化に対する感受性を豊かにすると考えたのです。また、カルチャーショックモデルで最終段階とされた「適応」は、ここでは最終段階の一つ手前に置かれました。

　異文化に対する感受性発達は6段階に分けられ、また、それらは大きく2つのセクションに分けられています。初期の3段階は自民族優越主義的な段階群で、それぞれ1）拒否段階、2）防御段階、3）最小化段階と呼ばれています。

1）拒否段階

　拒否段階にある人は異文化に対する感受性が未発達で、文化理解の仕方がおおざっぱだとされました。異なる文化的行為や考え方を目の前にしても、それを文化と関連づけて理解することができず、また、仮にそれができたとしても粗い区分のなかに落としこんで理解しようとします。プエルトルコ人もスペイン人も同じことば（スペイン語）を話す「外国人」、ダークな肌の色を持つ人は、皆「黒人」のような見方です。また、異文化の人びとと深いレベルで交流しようという気持ちはほとんどありませんから、外国へ行ってもせいぜい美術館訪問やオペラ鑑賞、ショッピングなどが楽しめれば十分だと考えています。

2）防御段階

　この段階では、対象となる文化を「未発達」と見做すことが多くなります。「正しい」自分（自文化）を守ろうとしているのです。この国の人はルーズ、男尊女卑が著しい、下品などと評価し、相手を見下したり、攻撃的な態度をとります。また、面白いことですが、ここでは逆に自分の文化を「未発達」と評価する場合もあるとされました。まったく逆の行為ですが、文化に対する視点が同じで、双方ともに文化への関心が希薄です。日本人留学生や旅行者のなかには、時おり「日本（人）嫌い」になって帰国する人もいます。楽しい思い出に満ちた短期滞在経験者に多いのですが、かれらは、帰国後目にする日本人の習慣や行為が気に入らず、いつもイライラしています。

3）最小化段階

　自民族優越主義段階群の最後に置かれたのは最小化です。この段階になると、違いより似ているところに注目するようになります。相手を理解しようという気持ちが出てくるからです。「どこの国でも盗みは不道徳な行為」「子どもを慈しむ親の気持ちは万国共通」など、人間には文化を超えた共通の徳があり、それが存在する以上、互いに理解しあうことは可能だとする態度です。

　異文化に対する感受性は高まりつつありますので、類似性に焦点を当てれば相手に近づきやすくなります。日本人同士でも知り合い・友だちになるきっかけは、たいてい似通った考え方や経験です。同じ出身地、同じ趣味、同じ大学など、たいしたことではなくとも、相手に自分と似た部分があるとわかれば、警戒心が和らぎ、会話も活発になるというものです。一緒に何かをしようという気持ちも湧いてくることでしょう。

　異文化感受性という点においては、まだまだ未熟ですが、この段階なくして、異文化の受容や適応、とりわけ相互理解などを期待することはできません。

　国民的作家と呼ばれた歴史小説家であり、また、『街道をゆく』などのエッセイでも知られる司馬遼太郎は、異文化を理解するためには、人間は皆、同じなのだという「高貴な甘さ」が必要と述べました。異なる相手を理解し、責任を持ってかかわりあうためには、一度はどこかで立ち止まり、違いを棚上げする勇気と努力が必要だということでしょう。むろん「高貴な甘さ」だけでは相手を理解できないことも事実で、司馬は「その甘さだけでは皆まちがってしまう」とも述べています。最小化段階における感受性が、いぜん自民族優越主義段階から抜け切れていないとしたベネットの主張と符合しています。

　後半に置かれた３つの段階は民族相対主義的段階群です。それぞれ４）受容段階、５）適応段階、そして６）統合段階と命名されました。

4）受容段階

　受容段階になると「違いがあるのは良いことだ」と考えるようになり、コミュニケーション相手の異なる行動や考え方を尊重できるようになります。文化に対する好奇心が高まりますから、異文化だけでなく自分自身の所属する文化にも強い関心を持ち、知識も増えます。そのため、現象を文脈のなかで理解することができるようになり、自分とは異なる他者の行為に驚くことはあっても、それが相手のすべてであるような理解の仕方はしません。また、ある程度、相手に合わせた話し方もできるようになるといいます。

　一方、こうしたことができるのは、相手が異なる文化集団の一員だと認識している場合に限ります。たとえば、職種の異なる人たちとのコミュニケーションが困難といった場合、特定の職種に内在する文化が作用している可能性が高いのですが、それに気づかずイライラするといった具合です。ジェンダー間のコミュニケーションも同様です[2]。日本で生まれ育ち、日本語を母語とする男女がそれぞれ「異なる文化圏」に属しているということに気づかないうちは、違いに対して寛容にはなれませんし、コミュニケーションもギクシャクすることが多いのです。

5）適応段階

　ここでは状況に応じた異なる文化のスイッチのオン・オフが可能になります。言語や行動、それを支える認識や思考、そして感情まで、ごく自然にある文化から別の文化へ切り

---

[2]　第１章で述べたように、異文化コミュニケーションの相手は、いつも異なる容姿や母語を持つ外国の人とは限りません。男女（ジェンダー）、世代（子ども、高齢者など）、社会的少数派集団（アイヌ、琉球民族、在日コリアンなど）も文化集団と考えられています。

替えることができるようになるのです。文化心理学者の D. マツモト（1999）は、このようなことができる人を「両文化共生型」と呼びました。

　ベネットは共感をコミュニケーションスキルのひとつと考える研究者の一人ですが、人はこの第5段階で効果的に共感スキルを利用できるようになると述べています。自分の考えや判断はいったん留保し、相手の立場で現象を理解して再評価することができれば、スイッチのオン・オフはスムーズになることでしょう。

6）統合段階

　最終段階は「統合」と命名されました。この段階まで進んだ人の最大の特徴は、「郷に入っては郷に従う」ことを最善とは考えないことでしょう。異文化の他者とかかわりあうなかで重要な判断を迫られるような場合、必ずしもその現象が起こっている国や地域の文化のモノサシを使うとは限らないのです。

　心の中に存在する複数の価値軸に自ら働きかけ、結果として、現場にいる多くの他者と異なる文化のモノサシを意識的に選択することもあります。そのことで「変わり者」扱いをされたり「笑い者」にされても心は揺れませんし、自らが選択したモノサシを利用した行為に自信と責任を持つことができるようになるのです。統合段階にある人びとの多くは「自分はどこに住んでも文化的少数派」といった意識を持ち、同時に、その事実が自分にとって不利益なことだとも考えません。

　このような人たちをジャネット・ベネット（1993）は、「建設的な少数派（constructive marginal）」と呼びました。「建設的」とされたのは、内化した複数文化が相対化され、それぞれの良さを自分なりの方法で、自分の強み（魅力）として取り込むからです。文化的相違は、もはや劣等感にも過度な愛国心にもつながることはありませんから、どこに住んでもそこを「ふるさと」のように感じることができるのです。むやみやたらと相手に合わせることはなくなりますし、必要となれば、たとえそれが相手の文化的期待を裏切るようなことでも気負わず上手に「かわす」ことができるようになります。

　先に触れた心理学者 D. マツモトもそのような人物です。日系3世としてハワイに生まれ、高校時代は柔道の全米チャンピオン、カリフォルニア大学バークレー校で博士号を取得し、今では世界一流の心理学者の一人であり、また自らが経営する道場で柔道を指導するマツモトは、話す相手の文化に関わらず、アメリカ人的であり日本人的でもある独自の「自分」として振舞うことのできる人物です。2011年にマツモトが所長を務める感情心理学研究所にいた筆者は、彼が時折見せるアメリカ風の単刀直入な話し方、日本風の察し、きめ細やかな配慮や謙遜などに、幾度となく圧倒された経験を持ちます。む

ろん、いかなる時も、彼の言動には強い自信というものが感じられたことも忘れられません。

ちょっと一言

「建設的な少数派」の対極にあるのは、「閉じ込められた少数派（encapsuled marginal）」と呼ばれます。かれらは自らが内化した複数文化のいずれも完全には好きになることができず、いつも文化の間を行ったり来たりします。文化的少数派は、時に主流派集団から笑いものにされたり、蔑（さげす）まれたり、場合によって不当な差別を受けたりする経験をすることもありますから、こうしたこともおこりえるのです。

また、複数文化を内化している人びとの多くは、心の中にある2つ（またはそれ以上）の異なる自己イメージを無視できませんから、しばしば自己内部でカルチャーショックを経験し、劣等感や怒りに苦しめられるといいます。一方の文化規範を実行したかと思うと他方の文化規範へとシフトするといった経験を繰り返すなかで、次第にどちらの行為が正しいのかがわからなくなります。場合によって自分はいかなる文化にも所属していないといった感覚に襲われ、アイデンティティの危機に晒（さら）されることもあるようです。

異文化への感受性が十分に発達すれば、そうした苦しみからも解放される可能性が高まりますが、自分を少数派と位置づけ、頑張り過ぎずに生活をすることができるようになるためには、長い年月と豊富な異文化経験、そして多文化共生に価値を置く社会的環境も重要でしょう。人びとの意識や制度が文化的少数派に対して非寛容であれば、異文化感受性の発達にも悪影響を与えるでしょうし、当然ながら統合への道のりは遠いといわざるをえません。

一方、カルチャーショックのU字型（W字型）曲線モデル同様に、異文化に対する感受性もケースに応じて発達の各段階を行ったり来たりしながら、全体としてより良き方向へと進んでいくのではないかと考えられます。ある人が異文化環境でうまくやっているようでも、状況によってはまるで「防御」段階に特徴的とされる否定感情を覚えたり、「最小化」の段階にある人がするように、類似性に注目して困難を回避しようとすることもあるでしょう。

国民国家の枠組みで自己認識を迫る現代社会の対人コミュニケーションにおいては、（非意図的ではあるものの）互いに所属文化を一つに絞るよう圧力をかけあいますし、また、少数派にはさまざまな不利益が生じていますから、仮にある時ある人が「どこにいても、そこがふるさと」などの考えにたどり着いたと自認しても、それはきわめて文脈依存的で

ある可能性が高いのではないでしょうか。

　「2つのふるさとを持つ人はあわれです」と自らの回顧録に書いたのは、筆者の元同僚だったドイツ出身のシスター（修道女）です。彼女は、50年以上前に来日し、ドイツ文化論を日本語で講義するほど日本語は堪能で、日本文化にも造詣が深く、日本人の同僚とも非常にうまくつきあうことができる優れた異文化コミュニケーターでした。複数文化を深く内化する人びとが、異なる文化を同時に、また、平等に受け入れるのは、それほど簡単なことではないようです。ベネットの「統合」段階は、ある意味において到達するのが困難な「理想」の段階なのかもしれません。また、もしかすると、統合段階のその先には、自らの立場を少数派とは考えない新たな別の段階が置かれる可能性すらあるように思えます。

引用文献

司馬遼太郎（2002）『司馬遼太郎が考えたこと』新潮社。

マツモト、David（1999）三木敦雄訳『日本人の国際適応力：新世紀を生き抜く四つの指針』本の友社。

Sr. マリア・クレメンス（2012）『マリア様に守られて』マリア院　非売品。

Bennett, J. (1993). Cultural marginality: Identity issues in intercultural training. In R. Michael Paige (Ed.) , *Education for the intercultural experience*. Yarmoth, ME: Intercultural Press.

Bennett, M. (1986). A developmental approach to training for intercultural sensitivity. *International Journal of Intercultural Relations 10*, 170-198.

Gullahorn, John T. & Gullahorn, Jeanne E. (1963). An extension of the U-curve hypothesis. *Journal of Social Issues 14*, 33-47.

Lysgaad, S. (1955). Adjustment in a foreign society: Norwegian Fulbraight grantees visiting in the United States. *International Social Science Bulletin, 7 (1)*, 45-51.

第7章　ステレオタイプと偏見

学生の声（留学生）　日本に来る前はずっと、日本人の女の子は料理が上手と思いました。でも、ぜんぜん違ってた。しかも、しゃべり方も男みたいで恐い人がいて、本当にびっくりした。

1　アクティビティ・セッション

ワークショップ　#1

> 「宇宙人」を描いてみよう！

　ステレオタイプはどれ？

① 冗談好きの里佳子と話すといつも楽しい気分になる。

② アメリカ軍には数多くの女性兵士がいる。

③ ジャマイカの人は足が速い。

④　男性が保育士になると、子どもたちへの暴力が心配だ。

⑤　高校生ラガー（ラグビー選手）にとって、花園は憧れの競技場だ。

⑥　中川先生はいつもセンスの良いスカーフをしている。さすがフランス語の先生！

ワークショップ　#2

> あなたは特定のタレント、芸人、歌手などに偏見を持ったことがありますか。そこにはどのような理由があったと考えられるでしょう。グループで自分の経験を共有しましょう。

偏見：根拠や理由なく否定的に評価し、相手を不合理な状況に位置づける考え方や感情のこと。偏見が高じると、対象となる相手を貶_{おとし}める態度をとることもあり、差別との区別がつきにくくなる。

偏見を低減するために必要な「接触」の条件：③〜⑤が正しい記述となるよう、それぞれ（a）〜（c）のなかからひとつだけ記号を選ぼう。

接触の条件

①　ステレオタイプを反証する行動を促進する関係

②　相互依存性のある接触（共通の目標で協力しあう）

③　(a) 数、(b) 学習機会、(c) 地位の平等が担保される接触

④　(a) 個人的、(b) 社会的、(c) 政治的に知り合う機会
　　（充分な時間と回数が必要）

⑤　(a) グローバル、(b) 親密、(c) 平等な関係に価値をおく社会規範や制度的な支持

2　リーディング・セッション

　社会が激しく多様化しているからといって、私たちが日常的に接するグループや仲間も多様化しているとは限りません。人は似たもの同士で集まりがちです。似通ったものの考え方をする人と一緒にいると気が楽ですし、また、それは「危険な異邦人」から身を守るための動物的本能の表れなのかもしれません。人間は本性的に、異形・異質なものに対して、忌み、拒否、不安、恐れ、怒り、失望、恥などの否定的・差別的感情や意識を持つともいわれます。

　アメリカにおけるアフリカ系国民と白人の軋轢、トルコ国境に暮らすクルド人の長い闘い、女性やLGBTQの権利回復運動などは、主流文化集団による差別的行為が根底にありますが、そこには主流文化集団による共文化集団に対する否定的ステレオタイプや偏見がおおいにかかわっています。

（1）　ステレオタイプ

　ステレオタイプは、「集団に当てはめられた修正の難しい誤りの多いイメージ」のことで、20世紀前半に当時はジャーナリストだったリップマンという社会心理学者によって紹介されました。私たちは、たいていの場合、身近に存在するステレオタイプを利用して異文化の他者を評価しようとします。特に相互作用のほとんどない段階においては、そうした傾向が顕著になるといえるでしょう。一般に母語も容姿も成育環境も違う相手を理解するためには、長い時間と相手を評価するための多くの材料を必要とするからです。

　しかし、先に述べたようにステレオタイプは、集団に当てはめられた間違いの多いイメージですから、それが正しく聞こえることがあっても、異文化コミュニケーションが対象とする対人コミュニケーションで利用されるべきではありません。まずは相手を独自の個人として理解する態度が大事なのです。

　ステレオタイプが否定的で差別的な場合は、特に注意が必要です。「○○人は腹黒い」「△△地域の人びとは粗野で暴力的だ」などのイメージは、一般に無知や国際政治のこじれ、歪曲されたメディア情報などをもとに形成されることが多いのですが、一度こうしたステレオタイプを持ってしまうと、私たちは柔軟性を失い、相互理解のための努力すら無価値なものと解釈してしまう可能性が高まるからです。

　日本人にとってごく身近かなステレオタイプとして、血液型性格判断があります。A型は真面目、O型は親分肌など、血液型と性格を関連づけた会話はきわめて日常的です。血

液型性格判断は、心理学者をはじめとする多くの研究者が否定し続けているのですが、血液型と性格の間には何らかの関係があるといった強い信念が、日本ではなかば常識として定着しているのです。上瀬・松井（1996）の調査でも、大学の講義における反血液型ステレオタイプ情報の呈示が、受講生の血液型性格判断にかかわる行動変化をもたらすことはなかったという結論を導きだしています[1]。

　ステレオタイプは、なぜこのようにしぶといのでしょう。

　真っ先にあげなくてはならないのは、類型化は情報処理のスピードをあげるための手段であるということです。皆さんも様々な図形がランダムに描かれた絵が呈示されれば、つい似通った形を集めて、△グループ、□グループ、○グループなどと分け、数をかぞえてみたりすることでしょう。

　人間集団に対するイメージも同様です。私たちは日々多様な人たちと接触します。出会う相手にかかわるイメージがすでに出来上がっているのなら、ついそれを使ってしまいたくなるのは人情というものかもしれません。しかも、実際に短期留学などで接したアメリカ人の先生の多くが「フレンドリー」だったり、旅行先のイタリアの食堂で「陽気」に振舞うイタリア人を見けかたりすれば、なおさらステレオタイプを捨てる気にはなりません。リップマン自身も、ステレオタイプは十分にありえる違和感のない世界を描いていると述べているくらいです。

　ステレオタイプがしぶといもうひとつの理由は、人間の持つ仮説確証型の情報処理傾向です。人はある強い考えやイメージを持つと、それと一致する事象が生じるはずだと予期する傾向があり、その予期に従って新しい情報を検索し、解釈する傾向があるというのです。つまり、血液型による性格判断は正しいと信じる人は、ステレオタイプが指摘するイメージを相手の行為のなかからあえて探し出すということでしょう。もしあなたが「A型の人は神経質で重箱の隅をつつくようなことをいう」などのステレオタイプを持っているなら、A型の友人や知り合いの細やかな行為・発言はきっとあなたの目・耳にとまります。

　同時に、A型にはとうてい当てはまらないとされる性質（たとえば、マイペース、2面性を備えて神秘的など）が示めされると、その人を「サブタイプ化」する傾向があるともいわれます。つまり、①その人物は例外（あの人は普通じゃない）、②状況のせいにする（今は入試直前で緊張が高まっている）、③関係のない動機がある（好きな異性の前で別人のように振舞っている）、④幸運だった（おおらかな両親に育てられた）などと、考えて

---

1)　上瀬・松井（1996）は、講義直前、直後、3か月後にアンケートを行い、血液型ステレオタイプの認知面、感情面、そして行動面の変容を調査しています。その結果、前者2側面については変化が見られたものの行動面では変化を見いだすことができませんでした。

しまうのです。相手との十分な相互作用があれば、誰しもサブタイプにもとづく考えを修正せざるをえない経験をしますが、それでもなお、人は一般にステレオタイプによるイメージを変えない傾向がある、とは多くの心理学者の一致した見解です。

　ステレオタイプはイメージに関連する現象や文字、映像などとリンクし、自動活性化されることもわかっています。知識は内容や経験的に近いもの同士がまとまってネットワーク化していますから、その一部が刺激されると、次々に関連知識も活性化するというわけです。

　ある人は、パンダの写真を見て、幼いころに行った上野動物園、連れていってくれた東京の祖父母、一緒に食べたウナギ、東京タワー、都会の喧騒などを思い出すかもしれません。場合によっては「風が吹くと桶屋が儲かる」式に、パンダは瞬時にうなぎを彷彿させるイメージとなります。一度形成されてしまったステレオタイプがしぶといのは、こうした人間の脳の動きに深く関連しているからです。

　ところで、ステレオタイプはイメージを当てはめられた集団の価値観や行動にも悪影響を及ぼすことがわかっています。「ステレオタイプ脅威」と呼ばれる現象です。自分がステレオタイプに関連づけて扱われるかもしれないという無意識の不安から、好むと好まざるにかかわらず相手の持つイメージに合わせた行動をしてしまうことをさしています。

　古典的な例を紹介すると、女子は理数系の科目が苦手というステレオタイプを持つ親や教師に育てられた女の子は、そうでない場合に比べ、理数系科目の成績が悪くなる傾向があるといったものです。ステレオタイプ脅威の問題は、そうした場合、自分に対する否定的評価の価値そのものを低く見積もってしまうことです。つまり、「私は女の子だから、数学ができなくても問題はない」などと考え、数学の勉強をしなくなってしまい、成績が良くなる機会を自ら放棄する悪循環に陥ってしまうのです。

　同じような現象は、たとえば人種・民族間、地域間などでもおこります。○○人の（あるいは△△地域に住む）子どもたちは学校での成績が振るわないといったステレオタイプは、はからずも○○人の（あるいは△△地域に住む）子どもたちの「勉強に熱心になる必要はない」といったステレオタイプ脅威となり、子どもたちの成績不振を維持したり強化したりする結果につながってしまうことがあります。

（2）偏　見

　偏見のなかには「○○さんは品格を感じさせる育ちのよいお嬢様」のような、特定の個人に対する圧倒的な好意が創り上げるイメージもありますが、一般的には否定的感情をともなうイメージや考えとされます。特に異文化コミュニケーション研究で扱われる偏見は、

十分な客観的材料なしに、特定の個人や集団に非好意的なイメージを持ち、そのことで相手を不合理な立場に貶（おとし）める考え方や態度のことをさして利用されることがほとんどです。

　偏見は、未経験や好き嫌いなどの幼稚な感覚から始まることもあれば、文化的な無知と繋がっていることもあります。スープは音をたてて飲むものではないと厳しく育てられたイギリス人にとって、スープどころかお皿にのせられたパスタまでズルズルと音をたてる日本人は下品きわまりのない国民に見えることもあるでしょう。また、排泄の後処理に左手を使用する国や地域の人びとにとって、右手で書き物をしながら左手でサンドイッチを食べる人は、まるで犬や猫のような動物に見えるかもしれません。

　また、偏見はステレオタイプと混同されることも多いのですが、これら2つの概念は同じではありません。前述のようにステレオタイプは「集団に当てはめられたイメージ」ですが、偏見は集団のほかに特定の個人に対しても抱かれることのある考えやイメージです。自分自身の経験や感覚、たとえば別れた恋人に似ている、服装が苦手、声が高い等々の理由で、他者を否定的に評価するのは、ステレオタイプがもとになっているわけではありません。

　ただし、学問の性質上、異文化コミュニケーション研究においては、特定の文化的・民族的集団の構成員に対する偏見（すでに存在する否定的ステレオタイプが含まれます）が扱われることが多いといえましょう。人間は様々な要素をもとにカテゴリー化をおこなう傾向があり、そこには、必ずといってよいほど「自分が含まれる集団＝ウチ集団」と「そうでない集団＝ソト集団」という視点があり、それが異文化コミュニケーション学が求める多文化共生社会の障害となることが多いからです。

　社会や集団の秩序を維持するためには、「敵」が必要といわれることがあります。「敵」とは、ウチ集団としての「わたしたち」に対するソト集団としての「あの人たち」ことです。そして「あの人たち」は、時に「わたしたち」の統合や存在意義確認のために利用されるのです。結局のところ「わたしたち」もまた、多様な価値観を持つ人びとを内包する国、民族、宗教など、いわば、つかみどころのないカテゴリーのなかに身を置く他人同士の集団に過ぎないからでしょう。

　「わたしたち」は、異なる出自（しゅつじ）、性別、民族、宗教などを理由にソト集団を創出し、ウチ集団の社会的優越を確保するための制度や法律、慣習を作りがちです。かつて、西洋諸国には奴隷制度がありましたし、日本でも江戸時代には士農工商という身分制度、そしてその下に置かれたアウトカースト（穢多・非人）まで存在しました。カーストによって武士集団全体の統合が図られましたし、最も苦しい生活を強いられた農民もまたカースト2位におかれることで、最低限の自尊心は守られたかもしれません。

　一方、身分制度がなくなっても、経済不況や大きな震災等で人びとの生活が脅かされるような場合は、たいてい異なる民族や人種に対するゆがんだ見方が芽生え、膨らんでいくものです。移民や留学生などは、自分の生活を脅かす厄病神（「敵」）としてシンボライズされることが多々あります。たとえば1923年（大正12年）におきた関東大震災では、200人以上とも800人以上ともいわれる在日コリアンの人びとが無差別に虐殺されるという凄惨な事件が起こっています。誰に向けてよいかわからない巨大なフラストレーションとストレスが、異なる民族集団への偏見を増幅し、あってはならない差別行動をうながしたといえるでしょう。今でもアメリカにはKKK、ドイツなどヨーロッパ各地にはネオナチ[2]と呼ばれるグループが存在し、かれらがソト集団と考える民族・人種を対象にした激しいヘイトスピーチがおこなわれたり、時には特定の職や地域から排除する運動などがおこなわれています。

　心理学には、人間の共同体やそのあらゆる営みの背景には劣等感があるとする見方もあります。劣等感は、時に私たちの暮らしをより良い方向へと導くための努力や向上心をうながしますが、その一方で恨み・嫌悪・嫉妬などの負の感情をもたらすことがあります。自分の劣等感を補償するためにソト集団に偏見を持ち、かれらをスケープゴート（不満や悪意をそらすための身代わり）にしてしまうこともあるのです。

ちょっと一言

　ソト集団に対する偏見が、大きな事件に発展した例を一つ紹介しましょう。これは、アメリカミシガン州の自動車工業が盛んなデトロイトという大都市で実際に起きた話です。Who Killed Vincent Chin?（誰がヴィンセント・チンを殺したか）という映画にもなり、アカデミー賞の長編ドキュメンタリーフィルムの候補にもなりました。
　事件は日本経済の勢いが世界的に高まっていた1982年6月におきました。結婚式を翌日に控えたヴィンセント・チンという名の中国系移民が、バットで殴られて殺害されたのです。犯人はクライスラー社（米国の自動車会社）を解雇された社員で、イーベンスというアメリカ人でした。イーベンスは自分が会社を解雇されたのは、トヨタやホンダなどの日本車がアメリカ市場に入り込んだ

2）　KKK（クー・クラックス・クラン）は、1861年から1865年にかけておこった南北戦争後に設立されたアメリカの秘密結社で白人至上主義団体。ネオナチとは、ナチスあるいはそれに類似した思想をもとにした第二次世界大戦以降の運動。必ずしもドイツだけに見られる運動ではなく多くの国に組織を持つといわれています。

からだと信じて、日本企業や日本人に対する偏見と恨みを持つようになっていったといいます。つまり、チン氏の殺害は、チン氏を日本人と勘違いしたことが発端だったのです。

　最初の裁判では、イーベンスの行為に対して2級殺人罪（計画性が認められない殺人）が適用され、3,000ドル（1ドル110円の計算で33万円）の罰金と、公的機関による3年の保護観察が科されました。チン氏の命を軽んじたともみえるこの判決は、アジア系アメリカ人の怒りを買い、様々な運動や活動へとつながります。その成果もあって、第2審ではイーベンスに対して25年の実刑判決が言い渡されました。被告の行為は単なる殺人ではなく、チン氏の公民権を侵害したものだと認められたのです。

　一方、2審判決は人種偏見にかかわる地域の人びとの感情的な論争に火をつけることになりました。世論の対立が激化し、第3審はデトロイトからシンシナティ（オハイオ州）に場所を移しておこなわれています。しかし、ここでもアメリカ人のアジアに対する無知と偏見が露呈することになるのです。陪審員を依頼された人びとのなかには、"I still remember Pearl Harbor."（私は〈日本軍による〉真珠湾攻撃を忘れない）と述べ、役割を拒否した者がいたと伝えられています。

　結局、事件から5年後の1987年、イーベンスには150万ドル（1ドル110円の計算で1億6千500万円）におよぶ慰謝料の支払いが命じられましたが、同時に月200ドルの分割払いが認められました。全額を払いきるために必要な年月は600年を超えています。釈然としない思いに駆られるのは、筆者だけでしょうか。

　さて、社会心理学者のオルポート（1954）は、偏見が強まるにつれ、人びとの差別的行為がどのように発展していくのかを5段階で示しました。

　「陰口」は偏見の程度が比較的弱い段階で発現します。対象となる人物や集団が気に入らず、陰で悪口をいうのです。たいていの人は、たいした客観的材料もなく誰かの陰口をたたいたり、逆にたたかれたりした経験があることと思います。これらの多くは偏見によるものです。

　また、偏見の程度が高まってくると、今度は相手を「回避」するといった事態も生じます。筆者がある団体を通して海外の高校生を受け入れるプログラムに協力していた時、「マレーシア人だろうがインドネシア人だろうが、イスラム教徒だけは受け入れたくない」と明言していた家庭がありました。イスラム教徒は男尊女卑の考えを持っており、しかも暴力的だというのです。しかし、この家庭の誰一人としてイスラム教について勉強をしたり、イスラム教徒に出会ったり、話したりした経験はなかったのです。偏見は、事実上、異文化理解の道まで閉ざしてしまいました。

　一方、陰口や回避といった行為は、相手に知られない程度であれば、直接的な危害を与えることにはなりませんから、法律や制度によって罰せられることがありません。誰かに対して偏見を持つのは良くないこととわかっていながら、その芽を根絶できずにいるのはそうした事情があるからです。

　偏見の程度がより強まる第 3 段階になると、相手を「隔離」するといったあからさまな差別が容認されるようになるといいます。たとえば、制度として黒人を差別した南アフリカ共和国のアパルトヘイトはこの段階の偏見がもたらした差別的行為の代表的な例です。より身近なところでは、外国人の入店やアパートへの入居を拒んだりするのも隔離行為ですし、女性は医療行為をする時ですら土俵にあがれないなどの相撲界の慣習も同様でしょう。

　偏見の程度が最も強い最後の 2 つの段階では、順に「身体的攻撃」と「絶滅」といった行為がうながされるとされました。強い偏見は、相手に対する暴力を正当化し、最後には集団全体を殺戮する事態（ジェノサイド）まで引き起こすことがあります。「絶滅」は、稀におこる行為のように聞こえますが、必ずしも珍しい事態ではありません。ナチスドイツによるホロコースト、旧ユーゴスラビアにおけるフォチャの虐殺（セルビア人勢力によるボシュニャク人の殺戮）、クメール・ルージュによるカンボジア人大虐殺など、宗教や信仰、民族、あるいは政治的立場の違いなどをきっかけに、人びとのソト集団に対する偏見は激しさを増し、差別行為もまた極まる傾向があります。

偏見による差別行動の 5 つのスケール

陰口　→　回避　→　隔離　→　身体的攻撃　→　絶滅

　先にあげたオルポート（1954）は、偏見の低減には相手と個人的に知り合うことができる十分な時間と質の高い接触（ここでは、「つきあうこと」と考えてよいでしょう）が重要だと述べています。つまり、コミュニケーションの参加者が①対等な地位で、②共通の目標に向かって協力しあう必要のある仕事をするなどの接触の仕方です。上司・部下、素人・専門家などの格付けによる社会的パワーが排除された場でともに働き、しかも目標達成のためにどうしても互いの力が必要とあれば、それまでのステレオタイプを反証する機会が生じる可能性は高まりますし、そのことで相手に対する偏見が低減するかもしれないというわけです。

　むろん、そうした仕事・作業の環境や雰囲気を支援する社会制度や規則があれば、接触はなお効果的です。男女共同参画基本法や女性活躍推進法などは、間接的ながら女性に対する偏見を緩和させる役割を持ちましたし、最近では多様性推進部局などを設置する企業も増えました。多様性に取り組む部署や人物に評価を与えて、それを給与やボーナスに反映させているところもあるようです。企業は社員のあらゆる違いを積極的に生かすことで、変化の激しいビジネス環境や顧客ニーズに対応しようとしているのですが、視点を変

えれば、こうした取り組みも偏見を低減させるための接触の一形態といえるものです。

　とはいえ、偏見を私たちの意識から取り除くのは容易なことではありません。否、おそらく私たちは異なる民族・人種などの集団に対する偏見から解放されることはないといった方が正しいでしょう。状況次第で自然に湧き出てしまうソト集団構成員に対する否定的イメージや悪感情は、むしろ社会的動物として生きる人間の認めざるをえない特性であるかもしれないからです。

　十分な教育を受け、時折、寄付などの支援活動をしているような人でも、○○を患っている患者とともに働くのは抵抗がある、できれば△△民族／人種はホームステイさせたくない、☆☆地域に住む人とは親戚になりたくないなど、様々な偏見の芽を持っていたりするものです。私たちにできることは、偏見という雑草の芽が伸びないよう十分に注意して、日々を生きることにつきます。そして、こうした姿勢は異文化コミュニケーションを学ぶすべての人びとに、ことさら期待されています。

ちょっと一言

　多様性という概念が実際にどのように機能しているのか、具体的に考えてみたことはありますか。
　昨今、メディアを賑わせている日産ですが、カルロス・ゴーン元CEOは企業内の多様性を高める取り組みをした人物として知られています。HPには多様性の要素として、ジェンダー、人種、学歴、性自認・性的指向、年齢、仕事歴、ライフスタイルの違いもあげられ、それらを活用するための取組みは、企業だけでなく、働き手個人の利益にもなると謳われています。実際、フランス、ドイツ、インドなどの文化を多方面から論理的に学ぶ研修が社員に提供され、仕事上のコミュニケーションに役立てられているようです。
　また、米ペプシコでも、経営幹部は必ず‘ダイバーシティ＆インクルージョン（多様性と統合＝多様性の受容）’に取り組む必要があり、それが賞与を決める際の評価基準となっているそうです。2006年にラ・ノーイ氏というインド人の女性が最高経営責任者に選ばれていますが、その背景には、多様性推進に対する企業の強い姿勢がありました。

（3）　メディアの持つ力

　メディアは、司法、立法、行政に続く第4権力ともいわれ、私たちの考え方・生き方に大きな影響力を持っています。ナチス・ドイツの独裁者ヒトラーも、当時最先端だったメ

ディア機器（ラジオ）を効果的に使って人びとの心を掴んでいきました。身近なところでも、たとえばある食品が肌に良いなどの情報が流れると、一時的にスーパーから商品が消えるといった現象が起こったり、災害が起こるたびにデタラメな情報が流れて人びとの混乱を招くといった事態があとを絶ちません。

　一方、あらゆるメディア情報は「主観的」です。NHK のニュースだろうがネット上の記事だろうが、すべての情報には制作者（組織）の価値観や考え、ものによってはスポンサーの意向が反映されるからです。また、テレビ・ラジオ・新聞等には、放送時間や字数制限があり、十分な理解に必要な関連事項が呈示されないまま、主観にもとづく事実の一部だけが私たちに届けられることになります。

　良心的な情報発信者であれば、その現実を理解したうえで、できるだけ客観的な映像や文章を届けようとするでしょうが、なかなかそうもいきません。新聞記者の菅谷（2000）は、取材先をどこにするか、コメントのどの部分をどう使うかを変えるだけでニュースの「現実」を変えることができるとした上で、「ここで取り上げているのは、世の中に無数にある見方のほんのひとつでしかありません」と書くことができればどんなに気が楽になることか、と述べています。

　多くのメディアは単なる娯楽や暇つぶしのように見えて、実は私たちが暮らす社会の「隠れたカリキュラム」[3] としても機能します。メディアは人びとのステレオタイプや偏見を形成したり、維持・強化しているのです。

　下の4枚の絵を見て下さい。

---

3)　「隠れたカリキュラム」は、もともと学校や教員が意図せず子どもたちに伝えてしまっている価値観や行動様式のことを意味しています。子どもたちは、教職員の男女比や年齢構成、教科書で取り上げられる内容などを通して、無意識に何が正しいことであるかを学んでいます。

　これらの絵は、西洋メディアにあまり接触する機会のなかった西アフリカ諸国出身の人
びとが、戸惑いながら描いてくれた「宇宙人」です。本来なら、実際に会ったこともない
宇宙人をどう描くべきか迷いが生じるのは当たり前ですし、西アフリカの人びと同様、さ
まざまな宇宙人が表現されてしかるべきです。

　しかし、筆者のこれまでの経験では、日本人はむしろ即座に似かよった宇宙人の絵を描
いてしまいます。下の絵は、筆者の授業を受けていた学生によるものですが、日本人の
「宇宙人イメージ」3種類が見事に描かれています。

　学生たちの「宇宙人」はたいていタコのような足を持つか（a）、大きめのスプーンを
ひっくり返したような目を持ちます（b）。また、ごく稀にスティーブン・スピルバーグ
監督の映画に登場した「ET」が描かれることもあります（c）。メディアの影響を強く受
けたこれらの3種のイメージは、宇宙人に当てはめられたステレオタイプといえるもので
しょう。

　メディアの大きな力を認めたユネスコは、メディアユーザーが受け取る情報を批判的に
意識し、情報に能動的に対応できる力、すなわちメディア・リテラシー（メディアを批判
的に＝複眼的に読み解く力）を養う必要があるとしました。それが視聴者の権利を守るこ
とにつながると考えたのです。

　教育の手法はさまざまですが、イギリス、アメリカ、カナダ、オーストラリア、フィン
ランド、ノルウエー、スウェーデン、フランス、ドイツ、ブラジル、チリ、ロシア、南ア
フリカ、アジアでもフィリピンや香港など、多くの国や地域がメディア・リテラシー教育
に取り組んでいます。たとえば、アメリカと国境を接するカナダでは、1970年代という
かなり早い時期から、公教育にメディア・リテラシーを取り入れました。アメリカという

政治・経済的巨大国家と隣接し、しかも英語を公用語のひとつとする同国では、アメリカで制作された番組が日常的に視聴され、カナダ人としてのアイデンティティが脅かされる危険に晒（さら）されているからです。

　一方、日本では長い間、せいぜい社会科の授業などで新聞制作がおこなわれる程度で、メディア・リテラシー教育は盛んとはいえませんでした。「情報活用（能）力」「情報リテラシー」「インフォメーション・リテラシー」などの用語が頻繁に聞かれるようになったのは、つい最近のことです。今では、インターネット時代を反映して日本でも小学校から大学まで「情報リテラシー」教育に関心が高まっていますが、こうした教育の大きな目標は、情報機器を効果的に活用し、客観的で分析的しかも倫理的に情報に対応する力を養うことでしょう。伝統的な意味でのメディア・リテラシーと内容が重複する部分も多いのですが、残念ながらこの新しい教育は、異文化・異民族、移民、社会的少数派などへの関心を背景化してしまった印象があります。多種多様な情報を異文化コミュニケーションの視点から分析する力は、この学問と実践に興味を持つ私たちにとって、達成すべきもうひとつの重要な目標です。

　2019 年に施行された改正入管法[4]に象徴されるように、日本における多文化・多民族化の流れは、もはや止めようがありません。メディア情報をクリティカル（批判的あるいは複眼的に）解釈する方法を身につけることは、私たち自身の生活をより豊かにするとともに、公正な異文化コミュニケーションの実現にも寄与します。

引用文献・URL

上瀬由美子・松井豊（1996）「血液型ステレオタイプの変容の形 ─ ステレオタイプ変容モデルの検証」社会心理学研究、*11（3）*、170-179。

管谷明子（2000）『メディア・リテラシー：世界の現場から』岩波書店。

Allport, G.W. (1954). *The nature of prejudice.* Reading, MA: Addison-Wesley.

日本経済新聞（電子版）高橋香織「『多様性重視の経営がイノベーションを生む』ペプシ AP 社長に聞く」2012 年6 月 1 日　https://www.nikkei.com/article/DGXBZO42041150R30C12A5000000/?df=3　閲覧日：2018 年 4 月 3 日。

日産自動車株式会社　会社情報「従業員の多様性を生かす」https://www.nissan-global.com/JP/COMPANY/DIVERSITY/　閲覧日：2018 年 4 月 3 日。

---

4)　深刻な人手不足を背景に、外国人労働者の受け入れ枠が大幅に広がりました。法改正後の 5 年間でおよそ 34万 5 千人程度が受け入れられる見込みです。資格は 2 段階あり、「1 号」は農業、介護、ビルクリーニングなどの単純作業を行う人に与えられます。また、高度な技術を証明するための試験に合格した人には「2 号」の資格が与えられ、在留資格は 1 〜 3 年で更新することができ、家族とともに日本で暮らすことが可能です。

第8章　コミュニケーションとパワー（1）
── 異文化としてのジェンダー ──

女子学生の声　高校時代「英検2級合格したよ」と言ったら、父が「良かったな。でも、お父さんなんか国家資格持ってるんだぞ！」と返してきた。いつもこんな感じで自分の話に持っていきます。正直、ウザい。

男子学生の声　女友だちとのメールはちょっと面倒くさい。どうでもいいことを長々と何度もやりとりしなくちゃならないし、男同士なら既読無視は当たり前だけど、それやると怒られる（笑）。

1　アクティビティ・セッション

「女性学」の英訳はどれ？

(a) Woman's Studies

(b) Woman's Study

(c) Women's Studies

(d) Women's Study

ワークショップ

男女で話し方や聞き方に違いはありますか？　それぞれ3つずつ特徴をあげてみよう！
両親や学校の友だち、アルバイト先の同僚や上司などの（非言語行為を含む）話し方・聞き方を振り返って検討してみましょう。
〈女〉
①

②

③

〈男〉
①

②

③

2　リーディング・セッション

　本書冒頭で触れたように、アメリカで始まった異文化コミュニケーションの研究は、国際的なコミュニケーション問題のほかにも、国内レベルの課題（すなわち、少数派と位置づけられる人種、民族、そして女性などへの差別や偏見にかかわるコミュニケーション問題）に対する関心を高めました。いかなる国家にも相対的に強い社会的パワーを持つ主流集団とその他の集団があり、それぞれの集団には独自の「文化」が醸成されています。アメリカにおける主流文化集団は WASP と呼ばれるアングロサクソン系の白人で、アフリカ系やアジア系などは少数派です。また、ジェンダー視点からは男性が主流派、女性が少数派です。

　社会的パワーの弱い集団は、異文化コミュニケーション研究では共文化集団[1]（少数派、あるいはマイノリティ）と呼ばれます。日本社会における共文化集団は、たとえばアイヌや琉球民族、在日コリアン、女性、異なる性指向や性同一性障がいなどを持つ LGBTQ の人びとなどです。女性が対象になることからも明らかなように、集団の大きさ（構成員の数）は問題ではありません。また、共文化集団は主流文化集団の話す言語（またはかれらが定める公用語）を母語として育つ場合も、また、そうでない場合もあります。

　一般に、主流文化集団の構成員はそうでない集団の構成員と比べてより多くの権利と自由が与えられていますので、既得権益が脅かされそうになるとそれを守ろうとするのは自然です。つまり、革命などの大きな社会変化や外国からの強い圧力などがないと、なかなか不平等な関係は変わらないといえるのです。また、パワーの偏りが長く続けば、両集

---

1)　下位文化と呼ばれることもありますが、異文化コミュニケーションの視点からは、パワーバランスの不均衡を容認する可能性を秘めた「下位」という表現は避けるべきだという考えがあります。

団の内部には独自な価値観が醸成され、コミュニケーションの仕方も変わっていくものです。共文化集団の構成員は、時に主流文化集団の構成員には理解しがたい方法で語り、また、時に主流文化集団の些細な非言語行為を正確に解釈して、ことばの裏に隠された真意を探り当てたりします。それが、かれらの「生き残り」「権利回復」、あるいは「社会的上昇」などにつながることがあるからです。

　本章ではこうした社会的パワーバランスとコミュニケーションの問題を、誰にとっても身近な「ジェンダー」という視点から説明していこうと思います。

（1）　ジェンダーとはどのような概念か

　ジェンダーには大きく2つの意味があるとされます。ひとつは、社会的・文化的に枠組みを与えられた性（つまり、人びとがどのように女らしさ／男らしさを考えているか）、もうひとつは、男女の社会的権力の不均衡を是正する考え方や運動を支える考え[2]です。

　「前、彼氏とラブラブだった頃、甘えたい側か、甘えられたい側かについて話しました。当然女が甘える側かと思っていたら、『オレも甘えたいほう』といわれ、『エー！　カッコわるぅ……』と感じました」とは、女子学生（20歳）がリアクションペーパーに書いてくれたコメントです。

　社会心理学を中心としたこれまでのジェンダー研究によると、日本人にとって「女らしさ」とは、かわいらしさ、品のよさ、料理のうまさ、セクシーさなど、また、「男らしさ」とは、頼りがい、包容力、経済力などに代表され、しかも数十年もの間、大きな変化がありません。

　先の学生が「甘えたい元カレをカッコ悪い」と感じたのは、男とは頼りがいのある存在だとする自らのジェンダー意識に抵触<ruby>触<rt>ていしょく</rt></ruby>するからです。もちろん、自分が甘えたい人であることを問題視しないのも、女は他者に甘える生き物だというジェンダー意識の表れでしょう。

　「女らしさ／男らしさは社会や文化が創り上げている」という事実をはじめて学術的に示したのは、マーガレット・ミード（1935）という文化人類学者でした。ミードが行ったニューギニアの調査では、男女ともに「女らしい」振舞いを良しとする部族がいる一方、ともに「男らしい」振舞いをする部族がいたと報告されたほか、女性が「男らしく」振舞い、男性が「女らしく」振舞うチャンブリ族の文化も紹介されました。チャンブリの女性は支配的で攻撃的、男性たちは女性を魅了するために多くの装飾品を身につけて髪を巻き毛にするとされ、ここでは女性集団の方が社会的優位性を持つと指摘されたのです。

---

2)　これら2つの理解の仕方以外にも、公的書類や申込み用紙などの項目で「性別」にとってかわる表現として「ジェンダー」が利用されることが増えています。

　この報告を契機に、ジェンダー視点での文化人類学的調査が数多くおこなわれるようになりました。その結果、たとえばタヒチの男性はやさしく内向的で泣くことが許される、中央アフリカのピグミー族には男女差がない、アフリカの一部では男子の方が育児に向くと考えられていることなどがわかったのです。換言すれば、日本をはじめ多くの国や地域でみられる「男はたくましく、女はやさしい」などの考え方に普遍性はなく、社会的状況と経験の変化によってそれは変わるということが示唆されたのです。

　一方、男女はそれぞれ生物学的に特有な身体構造を持ち、また、それが男女の社会・文化的イメージの基礎となっていることにも留意が必要です。たとえば、月経はおよそ40年もの間、程度の差こそあれ、毎月のように女性に我慢や忍耐を強いることになります。また、280日間にもおよぶ他者との共存（妊娠期間）、出産、そしてその後に経験する母乳分泌なども、コントロール不能という点では月経と似通った経験です。こうした経験の数々が、女性集団特有の価値観や意識を形成することは、むしろ自然といわざるをえません。

　また、女らしさ／男らしさを考えるにあたり、人間は子孫を残すという動物的本能から逃れられない、という側面も考慮しなくてはならないでしょう。これまでも、そして、これからも、多くの人びとにとって異性は魅力的であり続けなくてはなりません。そうでなければ人類は滅亡してしまうからです（セクシュアルマイノリティの人びとを否定しているわけではありません）。社会・文化が「創作」するジェンダーは、互いをどう魅力的に見せるかにかかわっています。イメージ作りに大きな影響力を持つのは、社会的優位性を持つ集団ですが、それが女であれ男であれ、複雑に発達した脳を持つ人間は、おそらく、こうした行為をやめることはないと考えます。

　また、もう一つのジェンダー、つまり男女の社会的権力の不均衡を是正する考え方や運動を支える考えが日本社会に浸透したきっかけは、なんといっても1994年に国連が北京で開催した第4回世界女性会議（通称、北京会議）です。これははじめてアジアで開催された国連の会議でしたから、日本からも政府関係者をはじめ、多くのNGO（Non Government Organization：非政府組織）が参加しました。マスコミも大々的にこの会議を取りあげ、社会におけるジェンダーへの関心を高めました。

　北京会議には女性解放運動の第2波を起こす大きなきっかけとなった『新しい女性の創造』の著者ベティ・フリーダンや、2016年にアメリカ初の女性大統領を目指してドナルド・トランプと選挙戦を戦ったヒラリー・クリントンも参加して演説を行い、おおいに歓迎されています。

　最終日に採択された北京宣言には、「男性と女性による平等な権利、機会及び資源へのアクセス、家族的責任の公平な分担及び彼らの間の調和のとれたパートナーシップ（提

携）が、彼ら及びその家族の安寧並びに民主主義の強化にとってきわめて重要」と謳[うた]われ、男女関係にかかわる人びとの意識の在り方が問われています。この会議で検討された様々な課題、解決のためのガイドラインとして採択された『行動綱領』は、今でも国連や各国政府、そして NGO の重要な道しるべとなっており、およそ 5 年ごとにその内容や各国の進捗状況などの検証がおこわれています。2020 年には各地で「北京 +25」と銘打った会議、ワークショップやセミナーなども開催される予定でした。

　一方、日本における男女間の権力の不均衡は、それほど大きく変化していません。2018 年の男女格差指数（GDI：Gender Gap Index）でも、世界 144 か国中 114 位です（世界経済フォーラム：World Economic Forum）[3]。主たる要因は、女性の政治および経済領域への参画の遅れです。2016 年 3 月には国連女性差別撤廃委員会も日本政府に対して、雇用における賃金格差、女性に偏る育児休暇などを是正するよう強く要請[4]しました。実のところ政府は、2013 年に「役員に 1 人は女性を登用」「3 年間の育児休業推進」「女性閣僚を増やす」など、女性活躍推進のための戦略ポイントを示していたのですが、結果が出せず、国連の評価にはつながりませんでした。

　今では女性が仕事を持つことはごく当たり前ですし、また、1990 年代以降は、結婚適齢期にある男性人口が女性を下回り、実質的にはむしろ男性が「選ばれる性」となっています。しかし、根強い「3 歳児神話」[5]をはじめ、女性の家事・育児を当然視する風潮は根強く、男性は依然、一家の経済的な大黒柱として期待されます。

　そうした古典的役割分業意識は、若い中高生にも確実に引き継がれているようです。たとえば、今でも男子野球部やサッカー部、ラグビー部などのマネージャーは女子で、その逆はごくわずかであるようです。女子マネには、伝統的な「妻」や「母」の役割が期待され、それを男女ともに受け入れている証拠です。

　急いで付け加えますが、むろん、男子をサポートしたいと願う女子がいてもよいのです。男女平等の考え方は、女子個々人の自由な選択を妨げるものではありません。問題

---

3)　男女間のパワー格差は、日本だけの問題ではありません。ごく一部の国々を除けば、たいていは男性が政治・経済の中枢を担ってきた歴史を持ち、主流文化集団は男性、共文化集団は女性です。

4)　これまでの「勧告」に対して十分な対応をとらなかったとして、国連は次の段階として「強い要請」をおこないました。

5)　子どもが 3 歳なるまでは母親が家庭で育児に専念すべきという、日本人に広く受け入れられてきた考え方です。日本には古くから「三つ子の魂百まで」という考え方が存在していたことも影響していますが、そこに理論的材料を与えたのが、第二次世界大戦後に出されたボールビーの「愛着理論」でした。しかし、ボールビーは必ずしも母親を育児者と限定したのではなく、また、理論自体にも何度か修正が加えられたことは、あまり知れられていません。政府が 3 歳児神話の科学的根拠を否定したのは、2000 年になってからのことですが、それは少子高齢化社会における労働者不足などの社会的問題に対応するためでした。

は、むしろ、男女に同じような選択肢が与えられる社会であるかを問う姿勢です。上記部活の例でいえば、男子生徒もごく自然にマネージャーの役割を担うことができる世の中が目指されているといえましょう。マネージャーという仕事に就きたいとする男子の願いは、現在、鍵のかかった引き出しのなかで厳重にしまわれ、あたかも「存在しないもの」のような扱いを受けています。

（2）　アタシとオレのコミュニケーション

　男女をそれぞれ固有の文化集団とする考え方を初めて知った、という人も多いことでしょう。しかし、ちょっと立ち止まって考えてみれば、対人距離の取り方、座り方、アイコンタクトやうなずき方（首の角度や回数など）、笑顔の作り方や謝罪の頻度など、男女のコミュニケーションには違いがあることに気づくはずです。そして、その背景にあるのはそれぞれの集団に固有の信念や価値観、すなわち文化といえるものなのです。

　かつて筆者の友人（女性）が、夫婦でニュージーランドを訪ねた時のエピソードを話してくれたことがあります。オークランドにあるスカイタワー（328 m）を目の前に友人が「わ～、高いね！」とコメントしたところ、夫の答えはこうでした。「……（沈黙）……、東京タワーは333メートル、スカイツリーは600メートルを超えるんだよ。たいしたことないよ」。スカイタワーを目の前に、「心の事実」として高さを表現した妻と、「数的事実」としてタワーの高さを評価した夫のコントラストには興味深いものがあります。

　この夫婦が示してくれた男女の差を意味して、女性のコミュニケーションは「アナログ」、男性は「デジタル」と指摘されることがあります。もう少しわかりやすく言い換えると、水銀を使った体温計で「38度近い熱」とするのか、デジタル体温計を使って「37.8度の熱」とするかのようなものです。

　誤解を恐れず大雑把な言い方をすれば、女性がアナログ的なコミュニケーションをとるのは、揺れ幅の大きい人の心の状態を重視するからです。人間が関与する以上、世の中には具体的なデータや数値だけで表せないことは数多くあります。女性のコミュニケーションが時にあいまいに響くのは、無意識にも相手の心のうちを勘案し、断定を避ける傾向があるからでしょう。

　一方、デジタル的なコミュニケーションとは、「1+2」の答えを3以外には考えないこと、ともいえます。男性は一般に自らが重要と認識した語りや表情などいくつかの情報を材料（根拠）に、ルールに従った対応をしがちです。入力されたデータを、あらかじめ定義された計算方法で演算処理するパソコンに似ています。他者との多様な競争が強いられる家庭外での活動では、そうしたやり方の方が効率的なのです。

ジェンダー・コミュニケーションを長年研究してきた J. ウッド（1994）は、男女のコミュニケーションの特徴を具体的な一覧にして示しました。

女性のコミュニケーション特徴

・会話は相手からの信頼を得て、対等な関係を構築するためのものである。

・自己開示をするのは、むしろ相手を知るためである。

・経験の共有は相手を理解し、共感するためである。

・相手の感情を理解していることを示し、支援を惜しまない。

・意見を引き出すことで相手を会話に引き込む。他者の参加をうながすために、自分の意見を述べるのは後回しにする。

・会話を継続させるには、質問をするなどして相手の意見に興味を示す必要がある。

・きちんと応答し、傾聴していること、他者の意見に注意を払っていることを示す。

・他者が意見を述べることができるように、断定的なことはいわない。

・関係を深めるためには、会話で取り上げられる物事の詳細を話す必要がある。

男性のコミュニケーション特徴

・会話をするのは自分を表現するためである。

・自己開示は時に自分を傷つける。

・地位や権力を得るために会話を利用する。

・経験を共有するのは、自分を際立たせたいからである。

・他者をサポートする時は、有効な助言をするべきだ。

・（自分の意見を際立たせるために）なるべく相手に話はさせないし、他者の話もさえぎることがある。

・要求されない限り、他者を会話に参加させるべきでない。

・応答するのは、自分の意見を際立たせるためである。

・自分の気持ちを誠実に、また、率直に表現すれば、相手は自分を統率力や自信があると思ってくれる。

・情報を効率よく伝達するためには、直線的な話し方をするべきであり、本筋からはずれるような詳細は邪魔である。

いかがですか？

ウッドはアメリカ人の研究者ですが、ここには、医師の姫野（2006）が述べる「横の論

理」を持つ女性と「縦の論理」を持つ男性の姿が重なります。女性の持つ横の論理とは、家族や友だち、先輩や後輩など周り人たちの期待をするどく察知して、他者の期待に沿うよう努力する姿勢に価値を置くことです。女子は「みんなに愛される」良い子になりたいのです。否、むしろ、みんなに愛されることが女性のコミュニケーション目標といえるのかもしれません。社会的劣勢を余儀なくされた共文化集団の構成員は、同じ思いを持つ周りの人びととの良き関係を基盤に人生を生き抜く必要があるからです。社会的パワーが十分にあるとはいえない移民1世が、同胞の多く集まる地域に暮らすことを選択することにも似ています。

　一方、男性が持つとされた縦の論理は、競争とヒエラルキー（階層や階級）を認め、勝者になることへの強い価値観を醸成します。勝者には、孤独や他者からの妬み・嫉みがつきまといますから、自分のことを嫌う人物が身近にいてもあまり気にとめることはありません。むしろ、そうした人物を出し抜いて階段を昇っている自分の姿に満足したりすることもあるでしょう。

　ジェンダーによるコミュニケーションの違いは、民族や言語、宗教、国籍などの違いとともに重要です。ジェンダー・コミュニケーションを学ぶことは、異性に対する私たちの不要な怖れやジレンマ、混乱などから解放してくれる可能性があります。

ちょっと一言

　昨今、脳科学の視点から「わかりやすく」書かれたジェンダー本が人気を集めています。本の著者がよく指摘するのは、男女の行為に差が生じるのは脳梁の太さが違う（女性の方が太く、感情を意識化・言語化しやすい）、あるいは、経験を記憶する脳の部位が違う（女性は大脳皮質で処理されるので長期記憶として残る、男性は偏桃体で処理されるのですぐに忘れる）ということです。

　しかし、こうした言説には強い疑義が呈されていることに十分な注意が必要です。実のところ上記のような脳の違いは30年以上も前の単独研究の結果で、その後に続いた多くの研究では、脳の構造や機能における一貫した性差は認められていません（澤田・佐藤、2016）。異性は身近な存在ですから、常日頃感じている性差を「科学的に」おもしろおかしく説明されれば、あっという間に誤った情報が拡散します。冷静に対応したいものです。

（3）　違いの背景：ジェンダー・アイデンティティの形成過程と遊び方

　異なる男女のコミュニケーションは、性自認のプロセスといった観点から検討することも可能です。女／男であるという自覚は、人が自分という存在を認識し、理解する上で重要であり、年齢や人種（あるいは民族や国籍）などとともに、アイデンティティの中核をなす要素のひとつとされます。多くの人にとってそれらは、生涯を通じて変わることのない自分自身の一部だからです。

　チョドロー（1981）という研究者は、母と乳幼児の濃密な関係が私たちのジェンダー・アイデンティティ形成に大きな影響を与えると考えました。それは一般に女性が最初の主要な育児者であることと関連します。このところ日本では「主夫」「育メン」「育ジィ」などの表現がメディアを賑わせていますが、だからといって女性が育児の主役を降りたわけではありません。メディアがそうした男性を取り上げること自体、それが珍しい現象だからです。日本では、いぜん育児の大半を女性が担っています。また、一般に乳児期における母親の役割は絶大で、乳児は母との一体感に満ちた特別な関係のなかで生きているといっても過言ではありません。

　こうした母子の関係は女の子が自らを「女」と自認するプロセスを容易にするというのが、チョドローの考え方です。女の子が一体化している母もまた「女」だからです。自立のために必要なジェンダー・アイデンティティ確立のプロセスにおいて女児は、女という点で母親から完全に離れる必要はありません。これは、女性が他者に対して共感的なコミュニケーションをとる大きな理由のひとつになりえます。

　一方、男の子の場合はどうでしょうか。自分が「男」であるという認識を持つためには、母との完全分離が不可欠です。チョドローは、そのつらく苦しい閾下での経験が、男性の自我を強固なものにすると考えました。男性は一般に、自他の間に強い境界線を引く

〈ジェンダー・アイデンティティ確立のプロセス〉

⇨　自己を確立する時期、女子は「女」としての自分をスムーズに受け入れ可能

→　共感的な自己

乳児が一体化している育児者は一般に女性（母）であるという事実

⇨　自己を確立する時期、男子は「女ではない自分」と葛藤（繰り返したくない経験）

→　防御的な自己

傾向が強く、相手の感情に巻き込まれることを嫌いますが、それはジェンダー・アイデンティティ形成のプロセスが影響を与えている可能性があるというのです。

　異なるジェンダー・アイデンティティ形成の萌芽期を経て、女児と男児は、その後異なる遊び方を通してそれぞれに独自なコミュニケーションスタイルを強化することになります。

　女の子の多くは、個人的な関係を築きやすい少人数の仲間と、ルールを固定化させずに遊び、協調性や他者への配慮を学びます。ままごとはこうした遊び方の典型でしょう。そもそもままごとは、自分以外の「誰かさん」になりきることを楽しむ遊びであり、他者の考えや行為への共感がなくては成立しません。また、ある日「学校ごっこ」で生徒役をした女子は、翌日には先生役となって遊ぶかもしれません。

　ままごとには台本（発言や行為のルール）がありませんので、楽しく遊ぶために女子には、その都度、細やかな調整を求められます。そして、遊びは仲間との関係そのものに発展するのです。女の子（女性）には、「おしゃべり」という遊びもありますが、それは、おもちゃやゲーム機、一緒の外出などが不要です。いわば、関係そのものを楽しむ「遊び」といえましょう。女性は成長してからも「お酒」の力を借りずに仲間とおしゃべりを楽しむことができますが、それは幼い頃に育まれた、ジェンダー・アイデンティティを基礎とするコミュニケーションの特徴によるものです。

　一方、男の子はどうでしょう。かれらはサッカーや野球、ゲームアプリを使った遊びのように、固定化されたルールを持つ競争を好みます。ルールがあれば、自分と他者の間に感情や思いが入り込む余地はそれほど大きくありませんし、また、プレイヤーの入れ替わりもさほど問題になりません。競争自体が遊びですから、仲間うちで実力の差が生じたり、スタープレーヤーが登場することもありますが、それも許容します。

　もちろん男の子も人間関係に気をつかいますし、実力のかけ離れた仲間といつまでも遊ぶことはないでしょう。その点では、女子と同じで、対等な力関係にある仲間と遊ぶことを好みます。しかし、かれらの遊びには常に勝敗がつきまといますから、勝利を目指して自己主張をしたり、勝つための方法を考えたり、仲間と話し合ったりするのはごく自然なことです。競争を通して男の子は、社会のヒエラルキーを学びつつ、その許容度を高めていくのです。

　こうしたなか、男の子は趣味が高じてオタク化／セミプロ化していくことも多くなります。アイドルのおっかけなどもそのひとつかもしれません。鉄道、フィギュアなど、人間関係から離れたところにある対象に熱をあげ、ある領域で自分がスペシャリスト（勝者）になっていくプロセスと結果に満足感を覚えます。女子にこの傾向がまったくないとは

いえませんが、それでもオタク化／セミプロ化する対象は男子に比べて限定的といえるでしょう。女子にとって遊びは人間関係であり、また、人間関係こそが遊びです。

（4）ジェンダーとパワー

ハウエル・久米（1997）によれば、コミュニケーションとは「両者が対等な形で共同作業に従事する相互依存的なジョイントベンチャー（p.6）」（傍点は筆者）です。コミュニケーションの公正・平等といった観点から考えると、この定義は、現状を語るというより、むしろ、社会や個人が、未来に向けて求め続けるべきコミュニケーションの理想像といえます。私たちのコミュニケーションから社会的勢力（パワー）を取り除くことは至難の技だからです。

経済力、社会的地位などに代表される個人のパワーは、コミュニケーションの流れや内容に影響をおよぼし、結果として対話者の一方に不利益をもたらすことがあります。コミュニケーションは、たやすく平等になりません。したがって、対人コミュニケーションは、「内容」レベルと「関係」レベルの双方から分析することが大事です。

「汗かきの私には、診察室は少し暑かったのですが、医者がもう少しクーラーを効かせますかと聞いてくれたのに、『はい』といえず、『いえ、大丈夫です』といってしまいました」。これは土沼（2012、p.154）が紹介したある男性患者の経験談です。医師の前では、患者が自分の気持ちをうまく表現できず、こうしたケースがよく起こります。その大きな原因となっているのが、医師と患者の間にある社会的勢力の偏りなのです。近年さかんに議論されるようになったインフォームドコンセント（説明と同意）も、こうした患者と医師のパワー格差がその背景にありました。

医師は、医療に関する高い専門知識を有し、健康回復のための様々なサポートをおこないますから、患者の医師に対する無意識の遠慮を刺激するのです。もし、先の男性患者が持つ社会的勢力が担当医師を上回っていたら（たとえば、大臣職に就いている政治家や巨大企業の社長など）、率直に自分の要求を伝えた可能性は高まります。コミュニケーションに介在する社会的勢力格差の検討は、こうした意味で重要といえるでしょう。

男と女のコミュニケーションにも、それぞれの集団が保持する社会的パワーが影響を与えます。ジェンダーという概念に、男女のパワー格差とその解消に向けた考えや動きが含まれているのは、そうした理由からです。当然ながら、女／男らしさのイメージとパワーも互いに深く結びついています。家庭、学校、メディアなど、社会が求める女／男らしさのイメージは、不均衡なパワーバランスのなかで生きてきた男女の生活実態がもたらしたものといえるのです。

　かつてケイト・ミレット（1985）は、「個人的なことは政治的なこと」と述べました。人びとの暮らしが「社会」というユニットのなかで成立している以上、個人の考え方や価値観は、政治の在り方と深く関連します。一般に政治や制度を動かすのは大きなパワーを持つ文化集団で、その考え方は、メディアや教育などの媒体をとおして国や地域、そして個人を動かす駆動力となっているのです。何を美しい（醜い）と感じるか、高等教育の価値はあるか（ないか）、また、女性は働くべきか（働かなくてもよいか）など、一見、個人的ともいえる判断も、実は主流文化集団（男性）の考え方による行為や決定に影響されています。

　「女性の人権は普遍的で譲渡不可能」と宣言されたのは 1993 年に行われた国連人権会議でのことですが、国連がこのように当たり前のことを明言せざるをえないほど、女性の人権は脆 弱であり続けました。女性の人権と女子教育の必要性を訴え続け、2014 年にノーベル平和賞を受賞したマララ・ユスフザイさん（1997 年生まれ）は、女子教育を否定するタリバーンによって、わずか 15 歳で銃撃を受けています。

　一方、この世のなかには男性集団による非意図的な差別もありますから、ジェンダー・コミュニケーションの問題はなかなか複雑です。「女子がマラソンをしてはいけない」などのような「配慮」（男子と比較して体力がないため、マラソンのような競技は女子の生殖機能に悪影響があるとされた）があったことを知っていますか。今では考えにくいことですが、こうした配慮のもと、長い間、女性はスポーツを楽しむことができませんでした。近代オリンピックに初めて女性が参加したのも、1900 年に行われた第 2 回目の大会です。その時の参加者総数は 1,066 人で、女子の参加者はわずか 12 人、種目もゴルフとテニスのみでした。女子サッカーがオリンピック種目になったのは、男子に遅れること 88 年、1996 年アトランタ大会でのことですし、高梨沙羅選手が注目を集めたピョンチャン大会の女子スキージャンプ（ノーマルヒル）も、2014 年のソチ大会が最初です。

　社会心理学では、相手の感情、考え、態度、行動などを変えることのできる力を社会的勢力と呼ぶそうです。力の基盤になるのは、地位、経済力、知識などの資源ですが、実はその多くが男性集団の手中にあると考えられています。つまり、女性の生活は、多くの場面で男性にコントロールされているともいえるのです。

　これまで示されてきた社会的勢力のうち、ひとつは「報酬勢力」と呼ばれています。これは、相手の行為に対して謝金や褒美を与えることができる力です。労働への対価として支払われる給与やボーナスのほか、営業成績のよい社員に海外旅行をプレゼントしたりすることができる人は、報酬勢力を持っているといえましょう。一般的には、企業経営者や役員、管理職に就いている人びとが持つパワーです。2016 年に女性活躍推進法が施行さ

れたこともあり、このところ日本では社長を含む女性役員や管理職（課長職以上）が緩やかながら増えています。しかし、前者は 9.8％、後者も 7.7％と依然低い水準にとどまっているのが現状です（帝国データバンク、2019）。

　また、相手が避けたいと思うような罰則や、保有する地位や名誉、富などのはく奪に対する脅威を与えることができる力は、「強制勢力」と呼ばれています。たとえば大学教員は、欠席回数が一定数を超えるような学生に対して、試験を受けさせない（あるいは単位を与えない）といった権限を持ちます。単位を落として大学を卒業できなくなってしまうことに対する怖れは、必ずしも興味があるとはいえない必修科目などへの学生たちの出席をうながしていることでしょう。また、法定速度を上回って運転していたドライバーが、背後にパトカーの気配を感じた途端にスピードを落とすのは、警察管の持つ強制勢力が発揮された結果です。

　他者に対する強制勢力の行使が当然視される場合、影響を与えることができる人たちは「正当勢力」を持つと考えられています。上記の例では、大学教員や警察官がパワー保持者となります。一般に正当勢力は、社会的地位や立場と関連することが多いようです。大学教員が単位授与にかかわるルールを示し、警察官が安全運転への圧力をかけるのはごく当たり前と思われていますから、よほど特別な理由がない限り、たび重なる欠席で単位を落とした学生やスピード違反で罰金を支払うことになったドライバーは、甘んじてその罰を受け入れています。

　さらに、豊富な知識や高い技術力などで相手を動かす「専門勢力」というパワーも存在します。ソムリエはワイン、弁護士は法律、医師は医学に関する高水準かつ豊富な知識を持ち、客、クライアント、患者をコントロールすることができるのです。レストランでワインを選ぼうという時、知識のない人はソムリエに頼ろうとします。また、運悪く人間関係のトラブルに巻き込まれて民事裁判を起こすような場合も、たいていは弁護士の助言に従うことでしょう。専門勢力は職業や就労年数などと深く関連しますので、現状では職業選択の幅が広く、就労年数も長い男性集団の方がより大きな勢力を持っているといえます。

　最後に紹介したいのが、人気アイドルや俳優などが持つ「準拠（参照）勢力」です。かれらはその存在自体が資源です。芸能プロダクションの人が街でスカウトするのは、たいてい容姿の整った若い人たちですが、それは、美しさ・若さが視聴者をコントロールする力を見込んでのことです。美しさは人びとを惹きつけ、本人の才能や努力以上の評価につながることがあるからです。時折、スターの自殺を後追いするファンもあらわれますが、これもかれらの巨大な準拠（参照）勢力を示しているといえましょう。また、スポーツや

芸術、あるいは仕事や趣味の分野などで、とびきりの才能を発揮するような人も準拠（参照）勢力保有者です。人びとは、かれらのなかに自分の理想像を投影しますから、たとえば練習の仕方、筆使い、リーダーシップの取り方、判断基準などを真似る（参照する）ことが多くなります。

　さて、これら5つの社会的勢力のうち、最後に挙げた準拠（参照）勢力は、女性が保有できる「たった一つの力」といえるものでした。つまり、（少なくともつい最近までは）女性は若さ、美しさ、色気などを利用することでしか、他者との関係をコントロールできなかったということです。女性たちが化粧、ダイエット、アクセサリーなどに高い関心を示すのは、男性優位の長い歴史を背景に、容姿こそが女性のパワーとなることを無意識にも理解してきたことによります。

　誤解のないようにつけ加えますと、準拠（参照）勢力は他者一般をコントロールする力ですから、女性が容姿にこだわるのは、男性を魅了するためだけではありません。男性が自らのパワーを用いて他の男性をコントロールすることと同じで、女性は美しく、可愛らしいことで同性にも異性にも好かれ、相手を動かすことができるのです。

　一方、この社会的勢力は加齢によって縮小の一途をたどります。男性が徐々にパワーを増大させていく30代、そして40代以降、女性のなかにはこの力を失うことへの怖れに苦しむ人が出てきます。男女間に存在する歪んだパワーバランスは、中年期にさしかかった女性たちを高額な化粧品やエステ、若返りのためのサプリメント、美容整形などへと駆り立てています。

　むろん、男性も容姿を利用して他者をコントロールすることは可能です。しかし、かれらは別の社会的勢力を持つだけの環境とチャンスに恵まれていますから、容姿を磨くことだけにこだわる必要がありません。否、それゆえ、生まれ持った条件に大きく左右される容姿にこだわる男性は、長い間、世間の冷たい目に晒されてきたのです。

（5）ジェンダー・コミュニケーションの今後

　繰り返しになりますが、男女は文化的存在です。相手の気持ちを安易に「察して」わかっている気になるのは危険な時があることを心に刻みましょう。男女双方がそれぞれのコミュニケーション文化に対してより敏感になることが必要ですし、同時に、相手のコミュニケーションスタイルをスキルとして身につけておけば、説得や交渉を優位に進めることもできるでしょう。

　実際、今では女性たちが男性的なスタイルを学び、利用するようになりました。職業生活においては、その主流を担ってきた男性のコミュニケーション文化を知り、実践するこ

とが必要だったからです。たとえば、女性アナウンサーやキャスターの声はかつてより
ずいぶん低くなっています。特に政治・経済問題を扱うニュース番組では、「かわいらし
さ」より「信頼に足る」声が求められました。日本における女性キャスターの声という点
で大きなインパクトを与えたのは、テレビ朝日が1985年に始めた「ニュースステーショ
ン」という番組ですが、初代サブキャスターを務めた小宮悦子の声は、当時としてはずい
ぶん低く感じられたものです。

　声の高低や話し方が、人物評価に関わる重要な非言語行為のひとつであることは否定で
きません。アメリカで修士号を取得した知り合いの小柄な日本女性は、大学院を卒業する
ための口述試験前に、メンター（指導者）の一人から声を低くする訓練を受けるよう助言
されたそうです。彼女の細く高い声は、論文内容の確からしさを損ない、審査に立ち会う
教授陣を説得するには不利だということだったようです。

　一方、昨今では男性が介護や保育、看護、あるいは美容の仕事に就くことも珍しくあり
ません。育児に参加する男性の数も飛躍的に伸びました。女性の共感的なコミュニケー
ションスタイルを学ぶことで、男性も活躍の場を広げることができそうです。

　人びとは、いずれ「女／男らしさ」から解放されるのでしょうか。

　異性に対するイメージ形成という点だけから考えれば、それは短絡的といわざるをえま
せん。先述のように、人間が未来へと命をつないでいく限り、男女は生殖に関わる性的な
関係から逃れられず、しかも、私たちは本能だけで生きているわけでもないからです。異
性同士が惹かれあうためには、生物学的性差を超えた「工夫」も必要なのです。心理学を

ちょっと一言

　主流集団に所属する人たちの社会認識は単一的なのに、非主流文化（共文化）集団構成員の社会
認識は多元的ともいわれます。地方の人びとが東京を知り、自らの方言と共に「東京弁（標準語）」
を流暢に使いこなせるのに、逆の現象はあまり起こらないのと似ています。経済・政治の中心地で
ある東京の力は絶大ですから、地方の人びとは自らが暮らす地域のことと同様に（あるいはそれ以
上に）東京の動向に敏感でなければならないのです。おおげさなことをいえば、非主流集団の構成
員がコミュニケーションスタイルを複数化することは、「生き残り」のための知恵といえるかもし
れません。

中心に行われてきた恋愛研究においては、特に初期段階で、男女ともにより強くジェンダー化する傾向が指摘されます。女／男らしさを演じることは、相手に対する自分の魅力をアピールすることにほかなりません。

　人びとは異性に対して文化や時代にあった「女／男らしさ」のラベルを貼り続けてきました。それは、私たち一人ひとりが生涯を通じて共存しなくてはならない課題なのかもしれません。おそらく、これからも私たちは「時代に即した魅力的な」異性イメージ（ジェンダー）を創りあげていくことでしょう。

　問題とすべきは「女らしさ」「男らしさ」というイメージが、これまで主に男性集団に有利に働くように創られてきたということです。こうした意味において、ジェンダー格差や差別を解消するための第一ステップは、男女が互いにジェンダーの本質的な意味を意識するところから始まるといえます。ジェンダーに対する理解を深め、身のまわりで起きていることをクリティカル（批判的／複眼的）に検討する態度とスキルを身につけることができれば、将来は日々のオシャレを楽しむように、女／男らしさを楽しむことができるようになるかもしれません。

引用文献・URL

ケイト・ミレット（1985）藤枝澪子他訳『性の政治学』ドメス出版。

澤田玲子・佐藤　弥（2016）「男脳 vs 女脳？―感情処理における行動と脳の性差」『心理学ワールド（特集）脳科学と心理学（2）』*75*、9-12。

ナンシー・チョドロウ（1981）大塚美津子・大内菅子共訳『母親業の再生産』新曜社。

土沼雅子（2012）『自分らしい感情表現―ラクに気持ちを伝えるために』金子書房。

ハウエル、W. S.・久米昭元（1992）『感性のコミュニケーション：対人融和のダイナミズムを探る』大修館書店。

Wood, J.T.（1994）. *Gendered Lives: Communication, gender, and culture.* Belmont, CA: Wadsworth.

Mead, M.（1935）. *Sex and Temperament in Three Primitive Societies.* William Morrow.

帝国データバンク（2019）「特別企画：女性登用に対する企業の意識調査（2019）」 https://www.tdb.co.jp/report/watching/press/pdf/p190803.pdf　アクセス日　2020 年 6 月 12 日。

参　考
　＜国連女性会議における 12 の重大関心分野と戦略目標＞
① 　女性と貧困
・貧困の中の女性のニーズ及び努力に対処するマクロ経済政策及び開発戦略を見直し、採用し、維持すること
・経済資源への女性の平等な権利及びアクセスを保障するため、法律及び行政手続を改正すること
・貯蓄及び信用貸付の仕組み及び制度へのアクセスを女性に提供すること
・貧困の女性化に対処するため、ジェンダーに基づく方法論を開発し、調査研究を行うこと
② 　女性の教育と訓練
・教育への平等なアクセスを確保すること
・女性の中の非識字を根絶すること
・職業訓練、科学技術及び継続教育への女性のアクセスを改善すること

・非差別的な教育及び訓練を開発すること

・教育改革の実施に十分な資源を配分し、監視すること

・少女及び女性のための生涯教育及び訓練を促進すること

③　女性と健康

・ライフサイクルを通じ、適切で、手頃な料金の良質の保健、情報及び関連サービスへの女性のアクセスを増大すること

・女性の健康を促進する予防的プログラムを強化すること

・性感染症、HIV／AIDS及び性に関する健康とリプロダクティブ・ヘルス問題に対処する、ジェンダーに配慮した先導的事業に着手すること

・女性の健康に関する研究を促進し、情報を普及すること

・女性の健康のための資源を増加し、フォロー・アップを監視すること

④　女性に対する暴力

・女性に対する暴力を防止し根絶するために、総合的な対策を取ること

・女性に対する暴力の原因及び結果並びに予防法の効果を研究すること

・女性の人身売買を根絶し、売春及び人身売買による暴力の被害女性を支援すること

⑤　女性と武力紛争

・紛争解決の意思決定のレベルへの女性の参加を増大し、武力又はその他の紛争下に暮らす女性並びに外国の占領下で暮らす女性を保護すること

・過剰な軍事費を削減し、兵器の入手の可能性を抑制すること

・非暴力の紛争解決の形態を奨励し、紛争状況における人権侵害の発生を減少させること

・平和の文化の促進に対する女性の寄与を助長すること

・難民女性その他国際的な保護を必要とする避難民女性及び国内避難民女性に保護、支援及び訓練を提供すること

・植民地及び自治権を持たない地域の女性に支援を提供すること

⑥　女性と経済

・雇用、適切な労働条件及び経済資源の管理へのアクセスを含む、女性の経済的な権利及び自立を促進すること

・資源、雇用、市場及び取引への女性の平等なアクセスを促進すること

・殊に低所得の女性に対し業務サービス、訓練並びに市場、情報及び技術へのアクセスを提供すること

・女性の経済能力及び商業ネットワークを強化すること

・職業差別及びあらゆる形態の雇用差別を撤廃すること

・女性及び男性のための職業及び家族的責任の両立を促進すること

⑦　権力及び意思決定における女性

・権力構造及び意思決定への女性の平等なアクセス及び完全な参加を保障するための措置を講じること

・意思決定及び指導的立場への女性の参加能力を高めること

⑧　女性の地位向上のための制度的な仕組み

・国内本部機構その他の政府機関を創設又は強化すること

・法律、公共政策、計画及びプロジェクトにジェンダーの視点を組み込むこと

・立案及び評価のための男女別のデータ及び情報を作成・普及すること

⑨　女性の人権

・あらゆる人権文書、特に「女子に対するあらゆる形態の差別の撤廃に関する条約」の完全な実施を通じて、女性の人権を促進し、保護すること

・法の下及び実際の平等及び非差別を保障すること

・法識字を達成すること

⑩ 女性とメディア[7]

・メディア及び新たな通信技術における、またそれらを通じた表現及び意思決定への女性の参加とアクセスを高めること

・メディアにおけるバランスがとれ、固定観念にとらわれない女性の描写を促進すること

⑪ 女性と環境

・あらゆるレベルの環境に関する意思決定に、女性を積極的に巻き込むこと

・持続可能な開発のための政策及び計画に、ジェンダーの関心事項と視点を組み入れること

・開発及び環境政策が女性に及ぼす影響を評価するための国内、地域及び国際レベルの仕組みを強化又は創設すること

⑫ 女児

・女児に対するあらゆる形態の差別を撤廃すること

・少女に対する否定的な文化的態度及び慣行を撤廃すること

・女児の権利を促進し、保護し、女児のニーズ及び可能性に対する認識を高めること

・教育、技能の開発及び訓練における少女に対する差別を撤廃すること

・健康及び栄養における少女に対する差別を撤廃すること

・児童労働からの経済的搾取を撤廃し、働く少女を保護すること

・女児に対する暴力を根絶すること

・女児の社会的、経済的及び政治的な生活への認識及び参加を助長すること

・女児の地位を向上させる上での家庭の役割を強化すること

（内閣府男女共同参画局「第4回世界女性会議 行動綱領」から一部抜粋）

（https://www.gender.go.jp/international/int_standard/int_4th_kodo/index.html）

＊戦略目標ごとに政府や民間組織等が行うべき具体的行動も示されています。興味のある人は上記サイトにアクセスして下さい。

---

7) 重大関心分野のなかにメディアが入ったのは、第7章で述べたようにメディアが人びとを動かす大きな力を持っているからです。たとえば日本のテレビでは、若い女性タレントやアナウンサーに弁当作りをさせて「女子力」を評価したり、男性MCの後ろに、お揃いのミニスカートを着せられた女性の「飾り物」を登場させたりします。こうした番組を見ながら育つ世代は、女性が夫や家族に上手な料理を供するのは当たり前と思うようになりますし、その身体が客体化され「観賞用」となっていることに疑問を感じることも少なくなる危険性が高いといえます。10兆円産業ともされる日本の性産業、子どもも出入りするコンビニでの性的雑誌や漫画の販売などを可能にしているのは、メディアの強い影響を受けた日本人の性に対する考え方そのものといえるでしょう。また、絵本や童話、国語教科書に掲載される小説などでも、女性に割り当てられる役割や職業は極めて限定的です。しかも掲載される小説や童話に登場する主人公のおよそ7〜8割程度は男子ですから、女性の政治家や管理職に就く女性の数がなかなか増えないのも納得がいきます。

第9章　コミュニケーションとパワー（2）

― 日本人は英語とどう向き合うべきか ―

学生の声　映画を観たり、音楽を聴いたりしていると、どうして自分は日本人に生まれちゃったんだろうと思います。英語をペラペラ話したいし、白人の方がよかった。

1　アクティビティ・セッション

ワークショップ　＃1

もし、日本語が世界共通語になったら、どのような点で有利ですか？　不利な点はありますか？
グループで話し合ってみましょう。

〈有利な点〉

〈不利な点〉

英語利用者の数

(a) 約 20 億人　　(b) 約 17 億人　　(c) 約 15 億人　　(d) 約 12 億人　　(e) 約 10 億人

参考：2019 年 5 月現在のアメリカの人口は、およそ 3 億 3 千万人、イギリスで 6 千 7 百万人です。

 英語修得に要する時間

(a) 2,000 時間程度　　(b) 2,500 時間程度　　(c) 3,000 時間以上

参考：週 3 時間を英語の学習にあてたとすると、1 年間で 156 時間。週 5 時間では 1 年間で 260 時間です。

ワークショップ　＃2

　田中さんは、日本で大学を卒業後、いったん社会人として働いた後に渡米し、今は英語の勉強をしています。アメリカでは教師が学生をファーストネームで呼び、田中さんも Kenji と呼ばれています。しかし、田中さんはどうも落ち着きません。なにしろ、生まれてからこの方、家族や親せき以外からファーストネームで呼ばれたことはなく、しかも教師は自分よりずっと年下であることもわかっているからです。ある日、田中さんは自分を 'Mr. Tanaka' と呼んでほしいと、教師やクラスのメンバーに訴えました。しかし、教師は困惑し、クラスメイトも呆れ顔です。

　あなたならこの状況にどう対応しますか？　田中さんと米国人教師が譲歩しあえる英語表現はあるでしょうか。いくつか打開策を提案してみましょう。

　　＊この事例は Kramsch（1993）が取り上げた文化衝突の例を参考に筆者が創作したものです。

2　リーディング・セッション

　最後に取り上げたいのは、英語が持つ巨大な言語パワーの問題です。

　母語の異なる人びとが中心となる国際的な異文化コミュニケーションを考える時、英語は地球上に存在するありとあらゆる言語を大きく引き離し、最も頻繁に利用される言語となりました。日本国内だけでも航空会社やホテルのみならず、ドラッグストア、コンビニ、居酒屋やカフェなど、英語を必要とする職場は拡大する一方です。むろん、行き先にかかわらず、旅行や仕事で外国に行く日本人が渡航先で使うのも英語が主流でしょう。また、現在では大学院の講義はすべて英語というところも出てきました。こうした大学では、留学生受入れにあたり日本語能力を求めないケースもあるのです。

　日本の英語教育もずいぶん変わりました。英語母語話者を招致して教育現場に派遣するJET プログラム（Japan Exchange and Teaching Programme）もすでに 30 年以上の歴史がありますし、2018 年からは小学校で英語が正式な科目として導入されました。また、政府は英語の授業は英語でおこなうよう、強く要請しています。こうしたなか、最近では、中・長期の留学を卒業要件とする大学もあるくらいです。

　人びとが地球上を縦横無尽に動き回る昨今、母語の異なる人びとをつなぐための共通語があるのはたいへん便利なことです。しかし、コミュニケーションの平等・公正を志向する異文化コミュニケーションにおいては、何語であれ、国際共通語となる言語の利用には十分な注意が必要と考えます。そこで、この最終章では異文化コミュニケーション学の観点から現在の英語教育が持つ隠れたカリキュラム、そして「国際共通語としての英語」（English as an International Language：EIL）について考えていくことにします。

（1）　英語のパワー

　Kachru（1985）は世界の英語話者を大小３つの「入れ子型」の円で示しました。最も内側に置かれた小さな円は Inner Circle と呼ばれる母語話者集団（アメリカ人、イギリス人、オーストラリア人など）、そしてその外側には、公用語として英語を利用する集団（フィリピン人、シンガポール人、インド人、ケニア人など）として Outer Circle が置かれました。さらにその外側には外国語として熱心に英語を学ぶ日本人などの集団、Expanding Circle が置かれています。

　Expanding Circle の英語利用者数を正確に把握することは困難ですが、世界の英語話者は全体で 15 億人とも 17 億人以上とも推計されています。仮に 17 億人だとすると、2019 年度現在の世界人口はおよそ 76 億人ですから、4 人に 1 人は英語を利用している計算になるでしょう。世界共通語となった英語の持つ力を示すのは、なんといってもこの利用者数なのです。英語利用者人口の内訳にも留意が必要です。英語の母語話者はおよそ 5 億人[1] ですから、つまるところ英語を利用するのは圧倒的に非母語話者が多いということになるからです。

　世界共通語としての英語をめぐるこうした事実と、私たちはどうつき合っていくべきでしょうか。

　筆者が英語を学んでいた昭和という時代は、英語への興味がそのままアメリカやイギリスといった国々の文化や社会とつながっていました。当時から英語は重要な受験科目のひとつでしたし、子どもたちはおよそ選択の余地なく英語を学んでいましたが[2]、「英語は世界共通語」という認識は、むしろ観念的なものに留まっていたといえるでしょう。多くの教師は英語教育をとおして、「文化的先進国」としてのアメリカやイギリスを紹介してくれたものです。

　しかし、上記のような英語利用者人口に関する事実をもってすれば、英語は今や人的・社会的資源の拡充、経済活動、娯楽などのために「持つべき道具」あるいは「免許証」のようなものとして学ばれるようになったといえるでしょう。どこに行こうと英語ができれば海外旅行はより楽しく、便利になりますし、また、事前にインターネットを使ってコンサートや電車のチケットも購入できます。また、英語はより高い報酬（給料）やキャリアアップにもつながっています。

　長い間、英語の侵入に神経をとがらせていたフランスですら、今では多くの熱心な英語学習者が存在します。パリのカフェで見知らぬ若い女性から「お茶をご馳走するので、30分ほど英会話の練習相手になってほしい」と依頼され、腰が抜けるほど驚いたと話してくれた友人がいます。彼は長くヨーロッパに暮らし、かつては英語が話せてもフランス語でしか応答しなかった多くのフランス人を知っていたからです。

　一方、拡大の一途をたどるこうした英語パワーの現実が英語熱（English fever）[3] とい

---

1)　2019 年 5 月現在、アメリカの人口はおよそ 3 億 3 千万人、カナダは 3,700 万人、イギリスは 6,700 万人、オーストラリアは 2,500 万人、ニュージーランドは 480 万人です。

2)　　文科省は「外国語教育」としているのであって、教育対象となる言語は必ずしも「英語」である必要はありません。

3)　「英語熱」は台湾や韓国などでも見られる現象です。

われる「病気」を引き起こし、その症状を悪化させているのも事実でしょう。英語は成功の鍵だとほのめかす商品や企画は、世の中にあふれています。書店には、幼児から一般成人まで幅広い年齢層を対象にした膨大な数の英語教材が置かれ、テレビ・ラジオやインターネットでも英語学習のための講座やそれに類するありとあらゆるものが提供されています。英語の苦手な多くの日本人が英語熱にうなされるのも自然なことです。

　日本語の母語話者が英語を修得するためには、3,000時間以上の学習が必要とされることも英語熱を長引かせる理由のひとつでしょう。アメリカ国防総省によると、英語と最も言語距離が近いのは、スペイン語やフランス語などで、日本語や韓国語、アラビア語は、英語から最も離れた言語です。

英語母語話者を基準とした場合の修得難易度別言語グループ

◎　修得が「それほど難しくない」言語グループ
　　→　フランス語、スペイン語、インドネシア語など

○　修得が「比較的難しい」言語グループ
　　→　ヘブライ語、ペルシア語、ロシア語、フィリピン語など

●　修得が「最も難しい」言語グループ
　　→　アラビア語、中国語（北京語）、日本語、韓国語など

DLIFLC(Defense Language Institute Foreign Language Center：
https://www.dliflc.edu/about/languages-at-dliflc/ をもとに筆者作成

　言語距離が離れているということは、文章構造も語彙もかなりの程度異なることを意味しますから、日本人が英語をマスターしようとすれば、必然的にその学習量は増えることになります。しかし、仮に、熱心な中学生が週末を除く5日間に毎日1時間ずつ勉強したとしても、1年で260時間、3年間で720時間にしかなりません。これを10年続けても2,600時間ですから、多くの人は考えただけで気が遠くなってしまうことでしょう。

　日本人は外国語が苦手と考える人もいるようですが、決してそうではありません。たとえば、日本人の韓国語学習者はきわめて短期間に韓国語を使いこなせるようになります。筆者が勤務する大学では、1年から1年半ほど、週2〜3回程度韓国語の授業を受けた後、10カ月程度の韓国留学をする学生が毎年何人かいるのですが、彼女たちは帰国後に簡単な韓国語の文献を読んだり、韓国語を使ったインタビューやアンケートをおこなったりすることができるようになります。当然ですが逆も然りで、日本に滞在する韓国人留学生の日本語習得の速度は、英語母語話者とは比べ物になりません。また、今では、中学・高校時代に独学で韓国語の勉強をして、大学入学時にはすでに韓国のドラマが6〜7割程度理

解できるといったレベルに到達している学生を見かけることも多くなりました。文法も文字も発音もすべてが異なる英語と比較すると、日本語と韓国語の言語距離は圧倒的に近いというのが、その理由です。

　ところで、グローバル化が進む現在では、「英語の国」であるアメリカやイギリスなどにおいても外国語学習は重要視されています。英語母語話者の子どもたちもそれなりに一生懸命、外国語を勉強するようになりました。たとえばアメリカ（特に南西部）にはスペイン語学習者が数多く存在します。自治連邦区のプエルトリコではスペイン語が話されていますし、隣国メキシコをはじめ中南米諸国から多くの移民が合法・非合法に入り込み、スペイン語はとても身近な外国語であるからです。また、英語とスペイン語は言語距離も近いので比較的短期間での修得が可能です。実際、アメリカには多くの流暢なスペイン語話者がいます。

　しかし、一部の学習者を除けば、スペイン語の幅広い運用能力が人びとのキャリア形成に重要とはいえません。国際政治や経済の影響を受け、アメリカにおけるスペイン語の社会的地位はそれほど高くないからです。つまり、アメリカ人のスペイン語学習の背景には強い社会的要請といったものがなく、日本人が英語学習に感じるような、ある種の緊張感や切迫感といったものがないのです。

　世界中の人びとが英語を使ってくれるわけですから、それも当然のことでしょう。英語の母語話者が外国語を学ぼうとする場合、かれらは個人の興味・関心にもとづいてより自由に学習言語を選択することが可能です。しかも、フランス語をもうひとつの公用語とするカナダのような国を除けば、子どもたちが選択する外国語は、いずれをとってもかれらの未来を保証するようなものではありませんから、学習にあてる時間も相対的に少なくなるのは自然です。世界中の外国語学習者のなかで英語母語話者にのみ許されるこうした外国語学習の余剰時間は、様々なるほかの（学習）活動を可能にするという点で、かれらの持つ特権のひとつといえるでしょう。

　今では英語圏で生まれ育つ若者たちが、実に気軽に「英語（英会話）講師」として外国で暮らすことが可能になりました。新卒・未経験者であっても、英語講師として働くのであれば喜んで給料を払ってくれる多くの企業や教育組織が世界中に存在します。海外での経験は若者にとって大きな財産であることは言を俟ちません。英語の母語話者は、ただそれだけで、人間成長のための潜在的機会がより豊富に与えられているということです。英語母語話者と非母語話者の間には力のひずみが生じているといえるのです。

　英語教育／学習にはコミュニケーションにおける公正といった視点からの検討が必要です。なぜ、英語が世界共通語となったのか、そして、これからも英語が世界の人びとをつ

なぐ共通語として機能しつづけるとすれば（おそらくはそうでしょうが）、その事実が非母語話者に与える影響やコミュニケーション倫理といった事柄について議論することを避けて通るわけにはいきません。

（2）　英語への憧れと劣等感

　英語に偏る言語のパワーバランスは、第二次世界大戦後に戦勝国となった英米が英語を通じて両国の文化を拡散しようとした結果であったといわれます。斉藤（2007）によれば、英米両国は自らの政治・経済・文化的影響を世界に広げるために積極的な言語戦略を立て、それを実行したのです。イギリスでは、戦後まもなくエジンバラ大学に応用言語学科が設立され、その後、研究雑誌 *English Language Teaching* が創刊されましたし、1959 年になるとアメリカでも応用言語学センターが設立され、非母語話者向けの英語教育研究が始まっています。英語が世界共通語としての地位を揺るぎないものとしたのは、英米のこうした言語戦略があってこそのことです。

　その結果、今では世界で刊行される新刊書のおよそ 1/5 は英語で書かれ、世界の科学者の 2/3 以上が英語で研究成果を発表しています。また、国連においても英語は実質的に最も頻繁に利用される言語になりました。世界の文化・国家機関・地域の生活様式におよぼす長期にわたる影響を考慮した倫理的なアプローチが必要（グラッドル、1999）とされるのは、そのためです。

　日本に目を転じますと、太平洋戦争後は敵国であったイギリスとアメリカを理想化することになります。たとえば、GHQ[4] との新たな国づくりのプロセスにおいてつくられた新しい学校教育のカリキュラムには、西洋音楽や絵画、ダンス等が当然のように置かれ、邦楽や日本画が教えられることはありませんでした。歌舞伎や能などの伝統芸能の鑑賞はもとより、その歴史や知識について知る機会も年に数回あればよい方だったといえます。

　政治的にもアメリカ一辺倒の対外意識のなかで、学校での英語学習は子どもたちの英米文化や価値観への憧れを維持・強化する重要な装置のひとつとして機能することになります。山田（2005）は、こうした憧れの裏側で形成されてしまった劣等感が日本人の「心の健康を損ねている（p.90）」と述べ、日本におけるこれまでの英語教育のあり方に警鐘を鳴らしました。

　一方、非母語話者の劣等感は、英語母語話者の優越感にもつながることになりました。

---

4)　GHQ とは 'General Headquarters, the Supreme Commander for the Applied Powers：連合国軍最高司令官総司令部' のことで、戦後の日本で占領政策を実施した組織です。アメリカ人のダグラス・マッカーサーが連合国軍の最高司令官を務めました。

多くの場合、それは悪意があってのことではないのですが、日本人のような英語の非母語話者がさまざまな形で示す憧れは、ナイーブともいえる態度で母語話者一般に受容され、英語を話す自分たちの方が、そうでない人たちより優位だと見做されてしまったのです。

　英語教育について書かれた論文を幅広く調査した Holliday（2005）によれば、母語話者の優越感は、実は英語教育やその研究に携わる人びとの間にすら見られる傾向です。非母語話者を含む英語教育研究者（その多くは実際に英語を教えているのですが）の多くは、東洋諸国における英語教育の問題点を「非民主的」「教師中心型」「無批判な学習態度」「暗記中心」などとして、西洋型の「自律的」で「創造的」、かつ「分析的」な英語教育を目指すべきだとしてきました。この考え方は、特にアメリカ人に顕著であるとも指摘されています。

（3）　英語教育の目標

　日本における英語教育には、平等や公正を志向する異文化コミュニケーション学の観点が抜け落ちているように思えます。たとえば、文部科学省は指導要領のなかで「積極的にコミュニケーションを図ろうとする態度の育成」「標準的な英語の適切な使用」「非言語行為の学習」などを奨励してきました。こうした学習目標を立てることそれ自体は問題ではありませんが、異文化コミュニケーション学の視点からもう少し丁寧な説明が必要だといえます。これまで明らかにしてきたように、日本語であれ、英語であれ、言語には人びとが長期にわたって育んできた文化が内在するからです。換言すれば、「積極性」「標準的な英語」「非言語行為の適切な使用」などは、どの文化基準に照らして指摘されたことなのかを考える必要があるのです。

　現在、日本の公教育が扱う英語のほとんどはアメリカ英語ですから、文部科学省が目指す「標準的な英語」「非言語行為の学習」とは、具体的にはアメリカ人の英語と非言語行為のことであろうと理解できます。しかし、アメリカ人が話すように英語を操ることは、日本人が本当に身につけたいと考える英語コミュニケーションのスキルなのかどうかは、おおいに疑問です。

　アメリカの学校では、生徒や学生が積極的に手をあげて自らの意見表明をすることが期待され、そうした態度が成績にもつながります。教師の誘導や指名があるまで、学習者が発言を控えるようなことはありません。教師の役割は「指導者」というより、むしろ「コーチ」や「ファシリテーター」といえるものですから、学生は教師から授業参加の方法に関する具体的な指示や制限がない限り、意見があればそれを表明することを厭いません。

また、教師の見解に対する批判的意見（別の見方）はむしろ歓迎されます。なぜなら、そこからテーマに関わる議論が活発化され、新たな学問的視点やアイディア、あるいは研究課題が示唆されることもあるからです。こうした学習文化のなか、大学の教室では学生が教師や仲間の知性や見識を褒めたり、互いにジョークで応酬しあったりすることすらおこります。

誤解のないように、急いでつけ加えておきますが、筆者は、学習者が発言をうながされてもダンマリを決め込んだり、ようやく教師の耳に届く程度の声で話したりしてもよい、などと述べているわけではありません。そもそもそうした態度は、対人コミュニケーションの基本である「話し手」と「聞き手」の存在を軽視するものだからです。

大事なのは、日米の学習者・教育者それぞれの「あるべき姿」に対する異なる美意識に気づくことでしょう。日本の公教育、特に中学生以上の場合、生徒たちはむしろ「話をよく聴く」ように文化化されています。大学教員のなかには学生が「寝る」という行為ですら、人の話をさえぎるよりはよいと考えているほどです。

英語学習を通じて積極的な態度の育成や非言語行為を学ばせるのはよいとしても、文科省は、「話をよく聴く」日本の学習文化と「意見表明をする」アメリカの学習文化とをいかに調整するか（したいのか）を示すべきです。さもなくば、現場の教師はそれぞれの裁量で教育をするか、なし崩しにアメリカ人的な学習態度を生徒に強要することになってしまいます。

英語教育における「積極的にコミュニケーションを図ろうとする態度」の背景には、日本人は自己主張や議論が苦手などの言説があると思われます。しかし、こうした考えは、もともとは西洋、特にアメリカ人のコミュニケーションをひな形に据えた比較でしかありません。いかなる国の人びとも直接・間接に、ひとつの秩序ある社会システムの維持・再構築に貢献しているといった事実からすれば、一概にコミュニケーション態度が「消極的」ということはありえないからです。それぞれの文化には、文脈に応じた異なるコミュニケーション方法があります。明確な説明もせずに「積極的態度」を求め続けることは、英語コミュニケーションにおける学習者の英語母語話者に対する劣等感をますます高めてしまうようなものではないでしょうか。

また、英語以外の授業の大半がおおむね伝統的ともいえる学習文化を継承していることを考えればなおさらです。英語教師が「アメリカ人のように話し、振る舞う」ことのできる学習者の育成に励めば励むほど、教室は「英語劇」の舞台となってしまいます。学習者は、自分が舞台の上に立たされているという認識がないのですから、役者になりきれない生徒・学生が出てくることは自然でしょう。場合によっては自分のアイデンティティが否

定されたような気持ちになり、英語嫌いになってしまう生徒が出てくる可能性も否定できません。

　実のところ、アメリカで少しばかり教育を受けて戻ってくる英語教員のなかには、英語母語話者の教師がやるように自分をファーストネームやニックネームで呼ばせ、日本人の同僚にはそれほど頻繁にはみせることのないフレンドリーな笑顔を常時振りまいて、自身が内化させたと考えている「アメリカ人性」を教室でアピールする人までいます。太田（1995）は、時に顔つきまで変わってしまったように感じられる人の英語が「英語らしい英語」に聞こえる時もあるが、自分自身は英語で話すときも、日本語で話す時も同じ自分でありたいと述べました。筆者も、まったく同感です。

　日本という社会・文化環境に育った人物が、アメリカ人と同じコミュニケーション方法を持つはずはありませんし、また、持つ必要もありません。国際社会はアメリカ人のように話す日本人の英語話者を期待してはいません。世界の一部地域ではむしろアメリカ人やアメリカ英語に対する嫌悪感すら抱く人びとがいることにも留意すべきです。言語に内在する文化に対して無自覚のままアメリカ英語を修得しようとする学習態度は、むしろ異文化間のコミュニケーションを阻害する可能性すらあるといえましょう。

　繰り返し述べてきたことですが、そもそも自分を育んだ文化・社会を理解し、認める力がなくては、文化的・民族的他者を認めることはできないのです。

（4）EILの位置づけ：EFL? ESL? それとも？？

　国際共通語としての英語（EIL：English as an International Language）は、英米を筆頭とする英語母語話者の文化・社会を超えたことばであるべきです。EILは、それを利用するすべての民族、人種、国民が創り上げる新しい英語の形でもあり、学習者それぞれの母文化をも受け止める ⟨ふところ⟩懐 の深さを持たなくてはなりません。前述のように、英語利用者の多くが非母語話者である事実からすれば、共通語としての英語の未来は、すでに母語話者の手を離れたともいえるからです。

　ただし、EILはエスペラント語[5]のような「新しい言語」ではありません。そもそも英語はイギリス人の母語であり、後にアメリカやカナダ、オーストリア等の人びとがそれぞれ独自に変化させたことばです。そして、この事実こそがEIL問題の核心だといえるでしょう。今や英語は英米人の母語であると同時に、非母語話者のツールでもあり、しか

5）　エスペラント語とは、ヨーロッパ言語（特にロマンス語）を基礎に創られた人工言語のことです。実際には、完全な中立でも、カルチャーフリーでもありませんが、地球上の多種多様な言語話者が対等にコミュニケーションをおこなうための手段として開発されました。

も、英語母語話者の文化からも完全には解放されることはないということに、私たちはどう対応すればよいのでしょうか。

EFL あるいは ESL という用語を聞いたことはありますか?

前者は English as a Foreign Language（外国語としての英語）、後者は English as a Second Language（第 2 母語としての英語）をさします。時にこれらは同じ意味を持つ概念として使用されますが、より厳密には、日本人が日本で勉強する英語は「外国語」ですから EFL、イギリスやアメリカ、オーストラリア等で移民や留学生などが学ぶ英語は、移住先の生活言語ですから ESL です。

EFL は、学習者が実際に生活のなかで使用することを想定していません。学習の目的は、たいてい入試のためとか、教養といったものです。時には、将来の仕事に役立てたいとか、留学したいなどの目的が設定されることもあります。一方、ESL は英語母語話者の国々で英語を使った生活を可能とすることが前提になっていますので、まずは移住先で機能するより実践的な英語が目指されることになります。

では、国際共通英語すなわち EIL というのは EFL でしょうか。それとも ESL ?

EIL は英語母語話者の国に暮らすことが前提となっていませんので、ESL ではなさそうです。しかし、共通語としての性質を考えれば外国語とするのもおかしなことです。

実は、国際共通語としての英語は EFL と ESL 両方の特徴を備えつつ、それらとは本質的に異なる新しい考え方に立つ英語なのです。McKay（2002）によれば、EIL は母語の異なる人びとが使用する共通語としての役割を持つほか、いかなる国や文化にも属することのない、使い手それぞれの英語ということになります。言語構造や語彙の基本は英語の母語話者が発達させてきたものを使いますが、前述のように非母語話者が自らの文化を英語に反映させることを許容するからです。

EIL の目標は異なる母語を持つ人びとのコミュニケーションを成立させることですから、話し手は必ずしも英米人が考える「標準」や「正しさ」を徹底追求する必要はありません。そうした意味において、非母語話者は自分たちなりの方法で英語ということばの変容を担うことになり、また、英語の発展と多様性に貢献することができるのです[6]。

---

6) ただし、EIL の具体像についてはまだ国際的なコンセンサスが得られていません。使い手それぞれの英語という言説も、今のところ概念レベルでの議論が主流です。そのため日本では、EIL に関心の高い教師であっても、実際にはアメリカ英語を指導しながら、時にオーストラリアやフィリピン、あるいはシンガポールで話される英語や、その国の文化を紹介するといった、むしろ World Englishes（世界に存在する多様な英語）の視点を指導に反映させているようです。

（5）'My English'（使い手それぞれの英語）

　伝えたいと願う意味が阻害されない限り、日本文化や価値観を英語に反映させることが可能というのが EIL の考え方です。日本人の EIL は、英米の母語話者が「標準」とする英語とは異なることもあるでしょう。しかし、もし、その英語が話し手の意味することを伝えることができるとすれば、それもまた「標準」になりえるのです。

　たとえば日本人がよく食べる海藻は、一般に英語で 'sea weed' とされることをご存知でしょうか。筆者は、ワカメや昆布などにこうした英語を使うことに違和感を覚えます。'weed' とは「雑草」だからです。雑草はいわば人間にとって不要で役に立たないということでしょう。

　文化は環境に左右され、海藻を食することのない人びとがワカメや昆布などを区別しないのは自然です。しかし、「雑草」は日本人が大事にしてきた伝統的な食文化を反映しないどころか、不要な悪印象すら与える可能性があります。この場合、'sea vegetable' を利用するのはどうでしょうか。それは母語話者の視点からは「間違った」あるいは「聞いたことのない」英語表現ですが、簡単な説明があれば、母語話者にもまた日本人以外の非母語話者にも、より正確なイメージや意味を伝えることが可能になります。

　また、田中（1997）は、夢を「見る」日本人が "I saw a dream." と表現しても構わないと主張します。正しくは "I had a dream." で、'saw' を使うのは、これまで母語の干渉による間違った表現とされてきました。しかし、夢は 'have' の対象なのか、「見る」対象なのかについても、科学的にどちらが正しいというわけでもなく、また、'saw' を利用したからといって話者が伝えようとする意味が阻害される可能性は低いというわけです。コミュニケーションは話し手と聞き手が共有する特定の文脈において進行していますから、特別な事情がない限り、"I saw a dream." で通じあうことができます。場合によって、この「間違った」英語が母語話者の日常語になる可能性だってあることでしょう。

　EIL とは利用者自身がこのような表現を創り、使用する可能性を認めるということなのです。いわば、現地語・文化を反映したピジン英語[7]をひとつの「正当な」英語と考えるということにもなりますが、こうした柔軟さこそがコミュニケーションの平等・公正という点からみて重要といえるのではないでしょうか。Kachru（1992）は、ある地域で変化をとげた英語を Indigenized Varieties of Englishes（IVEs：土着化した英語変種）と呼

---

7)　アメリカ本土で goose bumps とされる鳥肌は、ハワイでは chicken skin ですし、過去形には wen (t) を動詞の前につけ、未来形では goin (g) を動詞の前につけるといった変化が見られます。また、シンガポール人の英語はマレー語や中国語の影響を受けているとされます。たとえば Did he go le?（Has he gone already?）に見られる 'le' は、漢字で書くと「了」で、それは完了の意味を表す中国語です。

び、それらが地域の人びととの文化アイデンティティの一部になっていると述べました。前述のようにアメリカ、オーストラリア、ニュージーランド、南アフリカ共和国などで話される英語は、イギリス英語の方言ですが、同時にそれぞれの地域で土着化した IVEs のひとつとする考え方もあるのです。

「使い手それぞれ」の英語が世界共通語として機能するために、どこまでを許容範囲とするかについては、まだまだ議論すべき点が多くあるものの、EIL 利用者が英語という言語の変容・進化・発展のプロセスに自ら参加することは、「共通語」が持ってしかるべき重要な特徴といえるでしょう。

本章のワークショップ＃2（田中さんのケース）では名前の呼ばれ方が問題となっています。名前は多くの人にとってアイデンティティの重要な一部です。名前の呼び方・呼ばれ方は、他者との関係を示すだけでなく、愛情、怒り、憎しみなどの感情を表す方法にもなりますから、田中さんの主張は滞在先のアメリカ文化と日本文化の間で何らかの調整が必要な、本人にとってきわめて「重要な何か」であったことがわかります。

ここでは、双方の違和感を低下させるために 'Tanaka-san[8]' と呼んでもらう調整が可能です。英語の非母話者が文化的自己と衝突する英語表現に出会う時、その違和感を相手に伝えて、表現の調整や修正をするための交渉をすることは間違った行為ではありません。逆にいえば、日本に暮らす西洋語話者が「苗字ではなく名前の方で呼んでくれ」と要求し、多くの日本人がそうした相手の希望に応えつつ、時に Mark さん／ Mark 先生などと、呼び方の調整をすることと同じです。

母語であっても、既存の言語規範が壊されることは少なくありません。英語を母語とする人びとは、不可算名詞の「tea/coffee を teas/coffees と複数化する口頭表現を完全に承認（Jenkins, 2006, p.32）」（傍点筆者）しましたし、'house' の代わりに 'home' と表現していることは周知の事実です。英語を公用語と位置づける国々ではなおさらのことで、'proud' を 'proudy'、'costly' を 'costive'、また、不加算名詞の 'luggage' に不定冠詞 'a' をつけるといったような変化がみられます（Christal, 2003）。

意図的であるか否かを問わず、いかなる言語もどこかで誰かが「間違った」表現を使い、それらの一部はいずれ「正しい」表現になってしまうというのが、ことばの性質

---

8) ロサンゼルス・エンゼルスの大谷翔平選手が本塁打を放つと "Big fly, Ohtani-san!" と叫ぶ Fox スポーツ・ウエストのロハス氏は、敬意をこめて「さん」づけをすると語ったそうです（サンスポ・コム　https://www.sanspo.com/baseball/news/20190615/mlb19061505020005-n1.html　2019 年 10 月 21 日閲覧）。しかし、日本人の若者たちが冗談半分に叫ぶ「オー・マイ・ガッド」が英語母語話者の "Oh, my God." とは心情的な意味において本質的に異なるように、「san（さん）」もまた、英語母語話者にとっての 'Mr.'（または Ms./Mrs.）とは異なる感覚を持って利用されるのではないかと考えられます。

であり、また、運命でしょう。英語については、言語学者を含む多くの研究者が、今では母語話者の英語はもはや非母語話者の英語を判断する基準にはならないとも考えています（Jenkins, 2006）。

　繰り返します。非母語話者にも英語の所有権を認める EIL の考え方は、すべての使い手が英語の発展を担うということを意味します。また、非母語話者が 'My English' として英語を利用する姿勢を持つことは、ネイティブスピーカーとのコミュニケーションにおける学習者の心理負担を低減させるほか、国際的場面における異文化コミュニケーターとしての自尊心回復にもつながると考えます。

（6）　学習／教育目標としての「わかりやすさ」とその課題

　EIL は使い手の文化や英語の言語学的ルールの複数化を許容するので、教育の目標も特定母語話者の文法規範や発音の正しさなどにもとづく「標準英語」の修得ではありません。むしろ近年では 'intelligibility' の重要性が指摘されるようになりました。'intelligibility' は「理解できること、わかりよいこと」ですから、具体的にはコミュニケーション成立を可能にする「発話のわかりやすさ」といったことになるでしょう。

　ただ、EIL における intelligibility 研究は、英語教育における指導上のフレームワークを体系的に提供するまでにはいたっていません。唯一、研究がある程度すすめられているのは音声領域で、その代表的な研究者は Jenkins（2006）です。彼女は音声領域のなかで「理解可能なメッセージのやりとり」に多大な影響を与えているのは音素だと述べ、EIL を利用する人びとにとってコアとなる音素について議論しています。

　具体的には、発音が意味の伝達を疎外してしまう音素や、意味の核となる単語への強勢を理解する／させる必要を説いています。たとえば、pos<u>tm</u>an のように3子音が連続するような時は（ここでは、/s/, /t/, /m/ の3つの子音）、子音クラスターのなかに一部省略がおこること（この場合は /t/）は学ぶ必要があるとしました。一方、母音の発音は母語話者の間でもさまざまな変異が存在することを踏まえて、母音の発音の「正しさ」にこだわる必要はないと述べています。

　ちなみに日本人が神経質になりがちな th の発音（たとえば、thin などにみられる無声音の /θ/ と、that などにみられる有声音の /ð/）もコミュニケーションを阻害する重大な要因にはなりにくいとされました。同時に、英語教育において伝統的に重視されてきた語の強勢（ワードストレス）、リズム、イントネーションなどは、学習者自身が発声できるようになるための訓練より、むしろ聞き取りのための訓練を重視すべきだと述べています。

　EIL 研究は、いわば「英語のグローバル基準」を定めるための研究ですから、その発展

に期待するところは大きいといえます。これからも様々な観点から議論が展開されること
でしょう。英語教師がその研究成果を注視していくことはもちろんですが、学習者・利用
者にも、自らが世界共通語としての英語の発展に関与しているという自覚とつきあい方が
求められていると考えます。

　日本の英語教育には、伝統的な外国語教育（EFL）から国際共通語としての英語教育
（EIL）への、少なくとも、理念的立場と視点の転換が望まれるほか、異文化コミュニケー
ション学などの関連学問領域におけるより活発な研究とそれら成果の横断的統合が必要と
なっています。

> （本章は拙著「コミュニケーションの平等と国際共通英語」（2011）
> 多文化関係学会編『多文化社会日本の課題』（明石書店）第 5 章 pp.121-137
> を加筆修正したものです）

引用文献

太田雄三（1995）『英語と日本人』講談社。

グラッドル、D.（1999）　山岸勝栄訳『英語の未来』研究社出版。

斉藤兆史（2007）『日本人と英語：もうひとつの英語百年史』研究社。

田中茂範（1997）「英語学習と心理負担《My English》論」鈴木佑治他『コミュニケーションとしての英語教育論：英語教育パラダイム革命を目指して』（pp.169-196）アルク。

山田雄一郎（2005）『英語教育はなぜ間違うのか』筑摩書店。

Christal, D.（2003）. *Englsih as a global language*. Cambridge University Press.

Holliday, A.（2005）. *The struggle to teach English as an international language*. Oxford: Oxford University Press.

Jenkins, J.（2006）. Global Intelligibility and Local Diversity: Possiblility or Paradox? In Rani Rubdy & Mario Saraceni（Ed.）, *English in the World: Global Rules, Global Roles*（pp.32-39）. London: Continuum.

Kachru, B.（1985）. Standards, codification, and sociolinguistic realism: The English language in the outer circle. In Quirk, R. and H. Widdowson（Ed.）, *English in the World: Teaching and Learning the language and the literature*（pp.11-30）. Cambridge: Cambridge University Press.

Kachru, B.（1992）. The second diaspora of English. In Tim W. Machan and Charles T. Scott（Ed.）, *English in its social context: Essays in historical sociolinguistics*（pp.230-252）. Oxford: Oxford University Press.

Kramsch, C.（1993）. *Context and culture in language teaching*. Oxford: Oxford University Press.

McKay, L. S.（2002）. *English as an international language*. Oxford: Oxford University Press.

異文化コミュニケーションのためのヒント

① 自他文化に対する関心を高める。

　　　　（→　文化相対主義的態度の醸成）

② 集団と個人を区別する。

　　　　（→　ステレオタイプの回避）

③ 相手の言動に対する評価、特に否定的評価はいったん保留する。

　　　　（→　複眼的な視点の確保*）

④ （自分の発言を理解してもらえるような）ヒントを与え、（同時に相手を理解するための）ヒントを探す。

　　　　（→　ことばを尽くす／空気を読まない）

⑤ 異なるコミュニケーションスタイルをまねてみる。

　　　　（→　共感**とスタイルの複数化）

⑥ ユーモア***を大事にする。

　　　　（→　柔軟なメンタルと社交性）

*複眼的な視点の確保

　DIE（Description：描写　→　Interpretation：解釈　→　Evaluation：評価）と呼ばれる異文化コミュニケーション・トレーニングは、複眼的視点を確保するために役立ちます。理解しがたい異文化の情景を最初から「汚い」「酷い」「嫌だ」などと評価せず、冷静になって描写し、何が起こっているのか解釈するといった2つのステップを踏めば、現象の新たな見方や評価につながることがあるからです。

**スキルとしての共感

　相手を理解しようとしているのに、つい似通った自分の経験にもとづいて相手を慰めたり、励ましたりしていることはありませんか。

　異文化コミュニケーション学では、こうした寄り添い方を「同情」と呼び、避けるべき行為と考えます。「同じ病気をしたことがあるから」「自分もいじめられた経験があるから」などと、相手をわかったつもりになっていると思わぬ誤解を招くことがあるからです。

　ことに異文化間のコミュニケーションにおいては、同じように見える経験もそれを支える有形無形の文化的フレームワークが違いますので、誤解どころか相手の怒りを買うことだってあるでしょう。たとえば、自分が病気のときに花束をもらって嬉しかったからといって、ほかの国や地域の人たちもあなたと同じように感じるとは限りません。花束は、「この先、枯れるしかない運命を持つ花の集合体」という見方をする人たちもいるのです。当然ながらそうした地域では、花束がお見舞いの品として機能することはありません。

　一方、共感は時に「相手の靴を履いて歩く」と表現されることがあります。簡単にいってしまえば、相手の経験を相手のコミュニケーション文脈のなかで理解する（あるいは経験する）ことです。どんなに似通ってみえる経験でも自分の経験はいったん棚上げし、相手の考え・感情を「できる限り」正確に想像する力が必要ということです。「できる限り」と述べたのは、自分の心ですら正確に理解することが難しいのに、他者の心を完全に理解できることなどありえないからです。質の高い想像力は豊富な知識と多種多様な経験によってもたらされますが、一人の人間が一生のうちに経験できることには限界があります。若い学生の皆さんにとっては、日ごろから様々な情報にアクセスして知識を蓄積することが、まずは、共感スキル発達の基礎となります。

　参考までに、ミルトン・ベネット（1998）が示した共感するための具体的な6つのステップを紹介します（それぞれの段階の「→」以降の文章は、筆者の解釈にもとづいた説明です）。

［共感するためのプロセス］
① 　違いを認識すること
　　→ 　相手は異なる経験と価値観を持つまったくの別人であることを理解する。
② 　自分を知ること
　　→ 　私の考えや感情は、過去の経験や歴史・文化がもたらしたものであることを具体的に理解する。

③　自分を疑ってみること
　　→　私の考えや感情は唯一正しいといえるのか検討する。
④　複数文化的な想像力を高めること
　　→　1から3のステップを踏まえて世界には多様な「常識」があることに気づき、相手の言動を相手の所属する文化の枠組みのなかで想像する努力をする。
⑤　共感的な経験を積むこと
　　→　実体験やトレーニングを通して、相手の考えや感情を経験できるような状況に身を置いてみる。
⑥　自分自身を再構築すること
　　→　共感プロセスを通して得た新たな考えや感情と、「古い」自分を統合して「新しい」自分になる。

　①から④までのステップは、本書を通じて繰り返し述べてきたことが順に示されたといえましょう。異文化コミュニケーションにおいては、まず、自他が異なる文化的存在であることをしっかりと認めなくてはなりません（ステップ①）。その上で、自分のコミュニケーションに影響を与えている自文化を知ることができれば（ステップ②）、相手と異なる自分の考え・判断・行動が異文化では通用しない可能性に気づくことでしょう（ステップ③）。

　次は現象に対する異なる評価をあれこれ想像してみることです。たとえば、イソップ寓話のひとつ『アリとキリギリス』に登場するアリたちは、やってくる冬（苦難の時期）を見据えて実直に働き続けることのできる危機管理意識の高い働き者として描かれますが、その評価をいろいろな視点で考えてみるのです（ステップ④）。一年中温暖で、食べ物に困る冬がない地域ではどうか？　キリギリスによる「歌」や「楽器の演奏」はアリたちに癒しを与え、労働の苦しみを軽減してはいないか？　など、多方面から現象をとらえることができれば、目の前の異なる相手が出した異なる評価も道理にかなったものと理解できる可能性が高まります。

　一方、5番目のステップとしてあげられた共感的な経験を積むことは、「言うは易くおこなうは難し」です。相手の文化が異なれば異なるほど、同じような経験を積むことは簡単ではありません。極論すれば、私たちの経験は、いつも自文化の許容範囲のなかにあるからです。「これは人と違って面白い」と思うことの多くは、いくらか周りの人と違った経験になるかもしれませんが、自文化と大きくかけ離れたところにはありません。女性が車の運転をするのは言語道断、自分が正しいと思う時はむしろ人前で声を大にして主張す

るのが当たり前、遺体はハゲワシなどに食べさせるのが当然などなど、世界の「常識」は実に多様で、時にショッキングだからです。

　異文化を直接体験できないような時は、異文化コミュニケーショントレーニング（ICT：Intercultural Communication Training）に参加するという選択肢があります。アメリカで始まった異文化コミュニケーション学には「実践者養成」の視点があり、ICT も数多く開発されています。バファバファ、エコトノス、スターパワー、レインボーミッションなどと銘打たれた疑似体験やロールプレイを通して、参加者は他者の文化に対する気づきを高め、同時に共感するための姿勢を学ぶことができるのです[1]。

　さて、最後に挙げられた 6 番目のステップは、「自分自身に立ち戻る」ことを意味します。相手と同化することは、共感の最終目標ではありません。いったんは同化しても、最後は自分自身に立ち戻り両文化を相対化するのです。人によっては、この時点で自分の考え方が変わっていることに気づくこともありますが、それはあくまで古い自分の考え方と他者の考え方を自らが責任を持って統合し、変化させているという自覚がともなっています。実のところ、共感をコミュニケーション・スキルとして位置づけ、一定のステップを踏ませることが提案されるのは、なし崩しに相手に同化するといった事態を避けるためでもあるのです。

　スキルとしての共感を磨くためには、理解しがたい経験をするたびごとにこうしたステップを踏む努力が大事です。面倒に思うかもしれませんが、継続的に努力する姿勢こそが異文化に関わる知識と経験を蓄積するプロセスを作り、私たちの想像力を高めてくれるからです。相手の靴は、長さも、幅も、ヒールの高さも、色も、デザインも違うでしょうが、この姿勢は異なる靴を「履いて」「歩いてみる」楽しさを与えてくれるかもしれません。

＊＊＊ユーモアについて

　異文化コミュニケーションは、対等かつ公正であるべきです。しかし、民族や人種、ジェンダーなどの違いは、社会的パワーバランスの歪みと連動することも多く、共文化集団（マイノリティ集団）の構成員には、コミュニケーション上、より多くのストレスがかかっているというのが現状でしょう。最後にユーモアについて述べたいのは、まさにこう

---

1)　異文化コミュニケーションとは直接関係しませんが、最近では妊婦さんや高齢者の身体変化を、夫や若者が疑似経験できるようなワークショップが、学校や自治体などの企画でおこなわれることもあるようです。腹部に 3 キロ以上のおもりをつけたり、手足が思うように動かない装置をつけてみたり、あえて目隠しをして歩くなどするのも、共感のための疑似体験といえるでしょう。

した理由からです。

　ユーモアとは、人の心をなごませるような「可笑しみ」のことで、それは「困難を乗り越えることを可能にする能力」でもあり、相手を揶揄して笑うジョークとは一線を画しています。そもそもユーモアという概念は、ラテン語で人間の身体に不可欠な「体液」といった意味を持つ医学用語でした。昨今では、漫才や落語を通じた笑いを病気治療に利用するという動きも出てきているくらいですから、ユーモアが異文化コミュニケーションで経験する心理ショックの緩和や解決方法に関連づけて考えられるのは自然なことです。

　ユーモアは、苦しさや悲しさから抜け出すための力を与えてくれたり、別の見方・考え方をする心の余裕を持たせてくれます。日本では今、かつてないほどお笑い芸人が活躍するようになっていますが、もしかしたら、それは、人間関係が希薄になった現代社会を日本人が生き抜くための知恵なのかもしれません。

　ときには自虐的ユーモアで困難を乗り越えることも必要でしょう。

　かつてアメリカで芸人として活躍した TAMAYO という女性がいます。彼女は日本人や日本文化を揶揄した「自虐ネタ」を使って笑いをとることも多かったのですが、そうしたユーモアこそが、少数派集団の一員としてアメリカで生きる TAMAYO をより強く、また、魅力的に見せることに役立っていたのだといえます。

　TAMAYO 芸の原点ともいえる経験は、中学生のころにあったようです。『コメディ+Love TAMAYO 的差別の乗り越え方』というタイトルで書かれた本のなかには、彼女が仲良くしていたキヨミとのエピソードが綴られています。少しだけ紹介しましょう。

　TAMAYO はある日、仲良しだったキヨミの後を家までこっそり追いかけて、はからずもキヨミがかつて部落と呼ばれた地域の出身であったことに気づかされます。悪いことをしたと深く反省し、翌日、一緒について行った友だちとともにキヨミに謝りました。一方、キヨミは数日後、学校に地図を持ってきて、自分の家のあるあたりが地図に載っていないことを明かします。そして、地図にないから先生も家庭訪問などできないといって、TAMAYO たちを笑わせてみせたのです。

　自分の置かれた立場を逆手にとって友だちを笑わせたキヨミ。もの悲しいエピソードにも響きますが、社会的パワーバランスのゆがみのなかで生きる共文化集団の人びとにとって、このようなユーモア感覚はきわめて重要と考えます。直接・間接の差別とまともに闘う日常は、怒りと悲しみで人間を疲弊させるに十分だからです。自分を笑いとばして相手より「上に立つ」ことで気持ちが楽になるだけでなく、相手から尊敬を得ることにもつながります。TAMAYO がキヨミの強さに激しく心を動かされ、後に彼女の芸人としての生き方にも影響を与えたように。

　いかなる人間も、自らのなかに「マイノリティ性」を持っているものです。男性は主流文化集団の一員ですが、そのなかには性的マイノリティを自認する人もいれば、民族・人種的的マイノリティの人もいます。また、障がいを持っていたり、経済的に困窮した生活のなかで苦しんでいる人もいるでしょう。ユーモアは、不均衡なパワーバランスを内包しがちな異文化コミュニケーションにおいて、私たち一人ひとりが身につけておきたい重要なスキルのひとつです。

引用文献

TAMAYO（1994）『コメディ + Love TAMAYO 的差別の乗り越え方』解放出版社。

Bennett, M.（1998）. Overcoming the golden rule: Sympathy and empathy In Bennett, M. J.（Ed.）, *Basic Concepts of Intercultural Communication*（pp.191-214）. Yarmouth, ME: Intercultural Press.

アクティビティ・セッションの解答および解説

第1章　多文化社会と異文化コミュニケーション学

　国際交流： 祭り、ファッション、食事などに代表される表層的な文化交流を意味することが多い活動。

　多文化共生：異文化出身の人びとと長期的な「隣人」として、責任を持ってかかわり合う活動。そこには多様性から生み出される大きな喜びやエネルギーも生じますが、同時に様々な工夫や、異なる価値観を受入れる姿勢と自分自身が変わる覚悟も必要です。

ワークショップ
リーディングセッション pp.3 ～ 5 参照

第2章　文化について考える
ワークショップ＃1

　海上にあると考えられる文化：音楽、儀式、教育制度、経済システム、建築、言語、政治、食べ物、ファッション、歴史など。

　水面下にあると考えられる文化：コミュニケーションのスタイル、倫理観、幸せ（不幸）、空間への意味付け、時間の理解、清潔観、人間関係に関わる信念、美醜、集団が持つ古傷、死生観など。※それぞれの文化要素が水面下のどのあたりに位置しているか話しあってもよい。

通文化的システム
(1)　資源を生産、流通、消費するシステム
(2)　婚姻および家族システム
(3)　教育システム

⑷　社会統制システム（法や規則、人びとの行為を方向づける慣習など）

⑸　超自然的なものを信仰するシステム

ワークショップ＃2

　例1）カトリックの伝統的習慣の一つに、金曜日には肉食を控えるというものがあります。イエスが十字架に 磔 _{はりつけ}にされた曜日が金曜日であったというのが理由のようです。現在でもキリスト教信者の多い国々では、そうした習慣を守る人びとが大勢いますし、アメリカやイギリスの大学食堂では金曜日にタラを使った料理（たいていはフライにしたもの）が出されます。

　例2）英語で「腰」は背中の一部とされ、'(lower) back' と表現されます。一方、日本人にとって腰は単なる背中とは違う特別な部位です。古来、多くの日本人が生業とした稲作、モノ作り、能楽、相撲、盆踊りにいたるまで、腰は動作の要（中心）として機能してきました。腰は日本人の価値観をおおいに反映した身体部位なのです。

第3章　たかがコミュニケーション、されどコミュニケーション

コミュニケーションの機能

①　情報の伝達

②　関係の構築、維持、終結

③　慰め

④　説得

⑤　娯楽　　　　　など

ワークショップ＃1

　ワークショップの目的はコミュニケーション・ノイズの確認です。共有される話のなかに潜むノイズを明らかにして、整理した上、人間のコミュニケーションには常にノイズがつきまとうことを全体で確認する。

ワークショップ＃2

　20の文章を類型化して、自己（アイデンティティ）を形成するいくつかの側面を確認

する。また、アイデンティティは人びとのコミュニケーション行為に影響を与えていることを理解する。なお、このエクササイズは、リーディングセッション p.39 の「(5) コミュニケーションと自己」に入る直前に行ってもよい。

第4章　ことばによらないコミュニケーション

非言語クイズ

① 人間の基本感情とされる悲しみ、怒り、恐怖、軽蔑、驚き、喜びの表出の仕方は通文化的とされています。（○）＊ただ、2019 年に京都大学が発表した実験報告では、日本人の表情が必ずしも通説を支持しない可能性が示唆されました。

② 中指をつきあげて相手を侮辱するジェスチャーはローマ時代からおよそ 2000 年にわたって多くの国々・地域で利用されてきたといわれています。（×）

③ タヒチではうなぎを神様と考える地域があります。そうした地域ではそもそもうなぎを食材と考えていません。（△）

④ たとえば日本人は悲しみの底にあっても、驚きを禁じ得ない時でも親しくない人や立場が上の人の前では「微笑んで」みせることがあります。（△）

ワークショップ

① 口を尖らす、貧乏ゆすりをする、ジッと見る、身体を掻く、大声で話すなどなど。

② 対人距離、視線、顔の表情、時間、姿勢、ジェスチャー、接触（身体を掻く、衣服を直す、装飾品をいじるなども含む）、容姿、衣服、準言語（話す速度、声の高低、声の抑揚、声量）などのグループが考えられるでしょう。

非言語コミュニケーションの機能

① 情報の伝達

② 言語表現の意味を補強

③ 言語表現の代替

④ 言語表現の否定

⑤ コミュニケーションの調整（会話の順番を決める、静かにさせるなど）

⑥ 感情表現

※ほかにも親密さの表出や社会的パワーの表出などがあります。

非言語コミュニケーションの特徴

①　非言語行為は人との相互作用を通して学習される。(b)

②　非言語行為は多くの場合コントロールするのが難しい。(b)

③　非言語行為の文法書はない。(b)

④　たいてい複数の非言語行為がおよそ同時に生起している。(a)

⑤　同じ文化を共有する人びとの間でも非言語行為と言語メッセージが一致しない場合がある。(b)

⑥　少数派集団の方が相手集団構成員の非言語行為を読み取る力に優れている。(b)

第５章　日本人のコミュニケーション

日本人のコミュニケーションスタイル

①　(b)、②　(a)

ワークショップ＃1

　著者自身の戦争体験から、アメリカのイラク侵攻に疑問を呈しています。「アメリカ」「イラク」「よくない」「反対」などの直接的なことばを一切使わずに見事に自分の考えを表現しており、うずまき型スタイルの典型といえます。

ワークショップ＃2

　『雪国』の訳者サイデンステッカーは、悩んだ末 The train を主語にしたといわれています。しかし、主語のないこの文章によって川端が暗示したかった主体は、汽車に乗っていた「私（主人公、島村）」でもあると考える人は多いようです。

第6章　カルチャーショックと異文化に対する感受性の発達

ワークショップ＃1

　日本国内であっても、新たな環境に移動する時は多かれ少なかれカルチャーショックを経験するものです。大学に入学する前後の気持ちを振り返って、新しい環境に適応するまでの心のアップダウンを理解するのが目的です。

カルチャーショックのU字型曲線モデルが示す心理状態

第1段階　期待と不安の入り混じる時期　U字左側上部

第2段階　ハネムーン期（旅行者の時期）　U字左側やや上部

第3段階　参加者の時期　U字左側中間あたり

第4段階　ショック期　U字の底

第5階　適応期　U字右側中間

＊再適応を含むW字型モデル

　　（第6段階　帰国前の期待と不安の時期　→　第7段階　期待が打破かれ、落ち込む時期　→　第8段階　再適応の時期）

異文化感受性発達モデルの6段階

(1)拒否、(2)防御、(3)最小化、(4)受容、(5)適応、(6)統合

ワークショップ＃2

　①適応段階：相手がカンボジア人の時と日本人の時とでは、対応の仕方を変えています。文化の違いを理解しているだけでなく、実際のコミュニケーションでも違いを体現できているようです。

　②統合段階：自分とは異なる対応をするアメリカ人のレジ係にイライラせず、また、自分がレジ係であればそうはしない（自文化のやり方で仕事をする）と迷いなく述べているあたりがポイントです。

　③拒否段階：文化の違いが現地でのコミュニケーションに影響を与える可能性に気がついていないことを感じさせる語りです。

　④受容段階：文化に対する感受性は高まっていますから、国際交流はそれなりに対応できています。ジェンダーもまた文化ですが、この人はそれに気づいていないようです。対象となる人びとが異なる文化に所属していることを理解し、勉強を積み重ねていくことで、お母さん方ともうまくいくはずです。

　⑤防御段階：文化への関心が低く、異なる文化を尊重する気持ちがありません。また、タイ人はプライバシーを知らないと決め込つけて、相手を部下や生徒のように扱っています。

　⑥最小化段階：文化の違いがあることには気づいており、少し不安すら感じているようです。人間とはどこの国に生まれ、育っても、困っている人を助けるやさしさを持ち合わせた生き物だと思うことで、異文化に接近しようとしています。

第7章　ステレオタイプと偏見

ワークショップ＃1

　宇宙人を描いた後、それ（ら）が似通った絵になっていることをペアや小グループで確認し、宇宙人に対するイメージが私たちの持つステレオタイプであることを理解する。

ステレオタイプはどれ？

①　冗談好きの里佳子と話すといつも楽しい気分になる。

　→　特定の友人をさしており、ステレオタイプとはいえない。

②　アメリカ軍には数多くの女性兵士がいる。

　→　事実

③　ジャマイカの人は足が速い。

　→　ジャマイカ人全体に対するステレオタイプです。日本人と同様に、足の速いジャマイカ人もいれば、そうでない人もいます。

④　男性が保育士になると子どもたちへの暴力が心配だ。

　→　男性集団全体にあてはめた否定的なステレオタイプです。男性にも女性にも暴力的な人は存在しますし、暴力的か非暴力的かは、個人によって違います。

⑤　高校生ラガー（ラグビー選手）にとって、花園は憧れの競技場だ。

　→　事実

⑥　中川先生はいつもセンスの良いスカーフをしている。さすがフランス語の先生！

　→　フランス人全体に対する「おしゃれ」というステレオタイプが隠れています。ここでは、そのフランス人につながるイメージをフランス語の先生でもある中川先生にあてはめてしまっていますが、中川先生がおしゃれなのであって、別のフランス語の先生がおしゃれだとは限りません。

ワークショップ　#2
自由な意見交換

偏見を低減するために必要な「接触」の条件
接触の条件

　　　①　ステレオタイプを反証する行動を促進する関係
　　　②　相互依存性のある接触（共通の目標で協力しあう）
　　　③　(c) 地位の平等が担保される接触
　　　④　(a) 個人的に知り合う機会（充分な時間と回数が必要）
　　　⑤　(c) 平等な関係に価値をおく社会規範や制度的な支持

第8章　コミュニケーションとパワー（1）―異文化としてのジェンダー―

「女性学」の英訳はどれ？

(c) Women's Studies

　「女性学」は、女性の経験を通した視点から社会の諸事情を解釈しなおす学問ですから、領域横断的な研究が行われています。コミュニケーション学的視点はもとより、社会学的視点、生物学的視点、法学的視点、また、宗教学も例外ではありません。それがstudiesと複数形で表現される理由です。最近では、女性に特化した呼び方を避け、ジェンダー学

やジェンダー研究（双方ともに gender studies）とする大学や研究機関も増えてきました。

ワークショップ

　身近な経験から様々な見解が出てきます。男女両方に当てはまる特徴も出てくる可能性は十分にありますが、いずれも排除することなく、その理由についても（たとえば、女性の進学率や社会進出とあわせて）考えましょう。

　〈女〉反論しない、相手の発話を促す、相手と同じトピックで話そうとする、うなずく頻度が多い、目線をあわせる頻度が多い、など。

　〈男〉主張する、アドバイスする、笑わない、批判する、理屈をいう、など。

第９章　コミュニケーションとパワー（2）― 日本人は英語とどう向き合うべきか ―

ワークショップ＃１（以下は利点、不利な点の一例にすぎません。自由に話し合ってみて
　下さい）

　利点：必ずしも外国語学習に熱心に取り組む必要がない。世界中どこに行っても日本語を話してくれる。論文やエッセイ、記事、会議等を通じて気軽に世界中の人びとと情報共有ができる。世界中で日本語教師としての仕事がある。語学を学ぶために多くの留学生がやってきて、国や大学の経営が潤う。

　不利な点：日本語を学ぶために多くの外国人がやってくるので、人種・民族差別などの問題がおこりやすくなる。ただし、多様な人びととの共生は、エネルギッシュで創造性に富む社会へとつながる可能性もあり、利点にもなる。

英語利用者の数
英語話者は約17億人で世界人口の約４分の１　　（b）

英語修得に要する時間
　3,000時間以上　　（c）
ワークショップ＃２
　リーディングセッション p.140 を参照

■著者紹介

伊藤　明美　（いとう　あけみ）

University of Arizona 卒業（応用言語学専攻）。University of Arizona 大学院修士課程修了（バイリンガル・バイカルチュラル教育専攻）。現在、藤女子大学文学部文化総合学科教授。

主な著書・論文『多文化社会日本の課題』（「第 5 章 コミュニケーションの平等と国際共通英語」担当、多文化関係学会編、明石書店、2011 年）、『異文化コミュニケーション事典』（執筆および編集［編集代表者：石井敏、久米昭元］、春風社、2013 年）、「異文化コミュニケーションにおける共感と自己」（『多文化関係学』創刊号、多文化関係学会、2004 年）、「多文化共生に向けた異文化コミュニケーショントレーニング（ICT）の試み — 改訂版 Outside Expert の実践と参加者の学び — 」（『藤女子大学紀要第 51 号』、2014 年）、「セメスター留学による日本人大学生の変化について — 対人コミュニケーションにおける自信回復のプロセス — 」（『藤女子大学紀要第 55 号』、2018 年）など。

異文化コミュニケーションの基礎知識
―「私」を探す、世界と「関わる」―

2020 年 8 月 10 日　初版第 1 刷発行
2021 年 9 月 20 日　初版第 2 刷発行
2023 年 5 月 1 日　初版第 3 刷発行

■著　　　者——伊藤明美
■発 行 者——佐藤　守
■発 行 所——株式会社 大学教育出版
　　　　　　　〒 700-0953　岡山市南区西市 855-4
　　　　　　　電話（086）244-1268　FAX（086）246-0294
■印刷製本——モリモト印刷㈱

ISBN978-4-86692-084-9